JN071560

講談で知る宮城の伝説

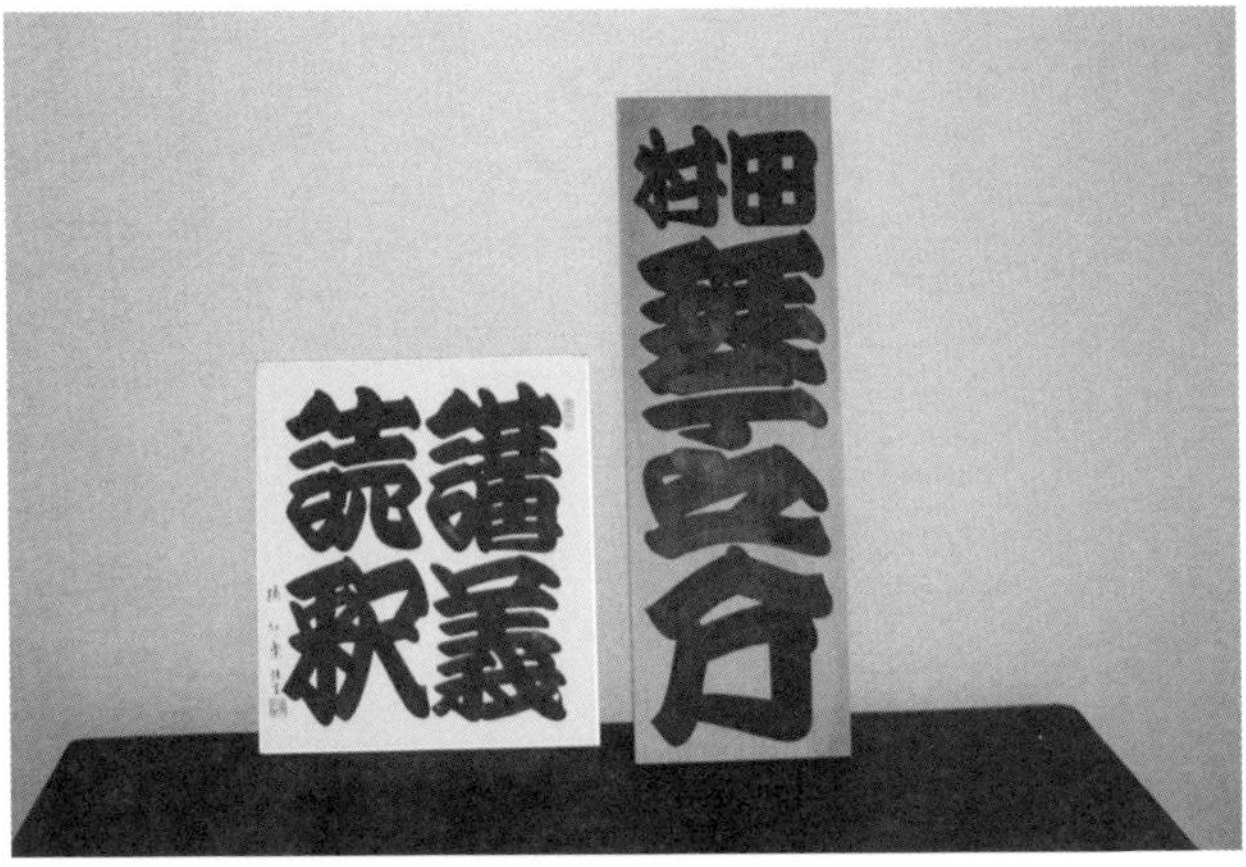
講義
読釈

まえがき

アマチュア講談師の村田琴之介と申します。

この度、一昨年十二月に出版いたしました『講談で知る宮城の人物』の姉妹編として、『講談で知る宮城の伝説』を出版する運びとなりました。

おかげさまで、前作『講談で知る宮城の人物』を読んだ方々から、是非、生の講談を聞きたいという声を数多く寄せていただきまして、いろいろな場で演じさせていただきました。これまであまり講談になじみのない県内の方々に、ほんの少しではありますが、講談の魅力を伝えることができたのではなかったかと思っております。

今回、取り上げましたのは、宮城県内に伝わる様々な伝説です。伝説というものは、古くからその土地で伝えられてきた話を指すのですが、それは必ずしも事実としてあった事を反映しているわけではありません。今回取り上げた伝説でも、事実であったことを示す資料が乏しいものもありますが、そこは、見てきたように語る講談でありますので、想像も交え、おもしろおかしく語ってみました。

この本を読むことで、宮城県内に伝わる様々な伝説を身近なものに感じてもらい、それが講談を聞くきっかけになってもらえれば嬉しい限りです。

最後になりますが、ご自身の創作講談を提供してくださいました宝井琴星・宝井琴鶴両先生に深く御礼申し上げます。

二〇二三年十月

村田琴之介

目次

一、奥州白石噺娘敵討《おうしゅうしろいしばなしむすめかたきうち》

☆世にも珍しき娘敵討伝説

宮城県白石市大鷹沢《おおたかざわ》地区に、孝子堂と呼ばれる小さな堂が立っている。また、堂の下には八枚田と呼ばれる小さな田がある。

江戸時代、ここ白石城下にて、父を殺された娘二人による仇討《あだう》ちが行われたという。堂は、その娘二人と父の霊を祀《まつ》ったもの。田は、父が斬り殺され、倒れ伏した場所という。堂の標柱は、明治の文人、徳富蘇峰《とくとみそほう》の書跡。八枚田の畔《あぜ》には土井晩翠《どいばんすい》による、二人の娘を称えた歌碑が建っている。

不思議なことに、白石片倉家にも、伊達家にも、そのことを示す記録は一切ない。その敵討の顛末《てんまつ》を講談で語った一席。

寛永三年七月、三代将軍家光の時代、奥州仙台藩白石城下は、片倉小十郎重長の善政により、百姓たちは、慎ましいながらも幸せに暮らしていた。

【寛永三年】西暦一六二六年

坂戸村の百姓、与四郎は妻が病気がちであったが、わずかながらの田畑を耕しながら、十一歳のまちと八歳のそのの二人姉妹を育てていた。

その日も朝早くから田んぼに入って草取りをしていたが、手伝っていたそのが、田んぼから引き抜いた草を道へ放り投げたところ、その泥が折悪《おりあ》しく通りかかった侍の袴にかかってしまった。真っ青になった父親の与四郎、「幼子のしたこととて、どうか平にご容赦を」と地べたに額をこすりつけて謝ったが、相手が悪かった。片倉重長の家臣の中で腕は立つが、短気で嫌われ者の志賀団七。

「無礼者」と一刀のもとに斬りつけた。

切られた与四郎、二、三歩逃げるようにはい出したが、どおっと田んぼの中に顔を伏せた。二人の姉妹は父親のもとに走り寄ろうとしたが、血刀を振りかざす団七に恐れをなし、一目散に家に逃げ帰った。事の次第を聞いた母親は、一気に容体を悪くし、二日の後には息を引き取ってしまった。

両親の葬儀を終えた二人姉妹は、世話になった名主《なぬし》の前に両手をついた。

「二人だけでは田畑を耕すことはできませぬ。わずかばかりの屋敷田畑ですが、これを売り払い、それを路銀として江戸へ出て、しかるべきところにご奉公申し上げたいと思います」

名主も雛《ひな》にもまれな美しい姉妹ゆえ、片田舎で百姓暮らしをするよりはと

【名主】江戸時代、村政をつかさどる村の長
【雛】田舎

考え、早速、工面してくれた。

そうして江戸へついた二人。お仕えすべき所を探し始めたが、町道場ばかりのぞいている。

「姉《あね》さん、ここはどうだべ。随分と活気あっぺし、イケメンのお兄さんたちいっぺいるよ」

「だめだ、なんぼ声っこ出はってでも見かけ倒しだわ」

「なしてそいなことわかんのっしゃや」

「棒振りも畑仕事も同じだべ。腰っこ入ってね。あんでは力《りき》んだって、へっこぶっぱなすだけだ」

すると、側で一緒に道場をのぞいていた、年の頃三十半ばの総髪撫付髪《そうはつなでつけ》の渋みばしったいい男、

「あははは、へをぶっぱなすか。うまいことを言う。全くそうじゃ。ここの道場は踊りっこ踊っているようなもんじゃ」と聞こえよがしに大声をあげた。

それを聞きとがめ、ばらばらばらと飛び出してきた道場の門弟たち、有無を言わさず、男を道場の中に連れ込んだ。

どうなることかと娘たち、窓からのぞき込んでいると、その男の強いこと強いこと、次々かかってくる道場の男たちを、持っていた扇子と張扇《はりおうぎ》で電光石火のごとく、張扇をたたけば開き、開けばつけいる千変万化。一陰一陽、

【町道場】市中にある剣の道場

【イケメン】美男子のこと

【総髪撫付髪】

【張り扇】講談で用いる釈台をたたく道具

一往一来、虚々実々。陽炎稲妻《かげろういなずま》、水の月。扇子を開けば、八方隠れに峰返し、岩石砕きに虎返し、手練《しゅれん》の早技、目にも止まらず。

娘二人は、その男が出てくると。走りより、地べたに額をすりつけお願いした。

「武芸達者なお方の屋敷にお仕えしてえと思っておりやした。どうか我ら二人ば下働きに使ってくだせい」

「わしは楠流軍学塾《くすのきりゅう》を開いておる由比正雪というものだ。何か事情がおありになると見えるが、ここでは人の眼もある。ついてらっしゃい」

こうして、まちとそのは由比正雪の屋敷で奉公することになった。

その年も暮れようとした十二月のある夜のこと、行灯《あんどん》の下、書見をしていた由比正雪、庭で何者かが蠢《うごめ》く気配を感じた。一刀を手にし、足を忍ばせ近づいて見ると、たすきがけをしたまちとそのが竹棒を手にし、打ち合っている。

もう長い間、打ち合っていたものか、体から立ち上がる湯気と、はき出す白い息が交差する様は、雲に舞う天女のごとし。

「これはこれは、道場での打ち合いを盗み見て覚えたものだろうが、ここまで真剣に振舞うのはただならぬことじゃ」と思い、

「まち、その、そこで何をしておる」と声をかけた。

【一陰一陽~水の月】目まぐるしく動き回り、一か所に留まらない様。講談常套表現

【八方隠れ~虎返し】素早く動き、相手を攻撃する様。講談常套表現

【手練】熟練した腕前

【由比正雪】16ページコラム①参照

突然、主人に声を掛けられた二人。地べたにうずくまって恐縮しておったが、姉のまちがぽつりぽつりと話し始めた。

「見苦しい振る舞いお許し下さい。実は、私たち、父の仇を討つため、何《なん》とか武芸の腕前を身につけたく、当家へ奉公させていただきました。仕事の合間に稽古を盗み見し、夜中にこうしておさらいをしていたのでございます」

「えらい、この泰平の世、武士にても柔弱なる者多かりしに、武家の家柄にもあらず、また、か弱き婦女子の身で、父の仇を討とうとする心、天晴れである。わしは常々、世直しを考えている。体制側にあらざるそなたたちが、体制の権化《ごんげ》たる武士を討つのは痛快なこと」と激賞した。

しかし、少し考えてから、

「じゃが、柔弱になったとは言え、並の腕前で、長の年月、剣術修行している武士には勝てまい。そこで婦女子のそなたたちでも剣術に勝つ技を教えてしんぜようと思うが、二人ともその厳しい稽古に耐えられるかのお」

「二親《ふたおや》のみならず、兄弟縁者もおらぬ、我ら二人、たとえ命を落としたとて、何の悔いがありますでしょうか。何とぞご教示くだされ」

「あいわかった。それでは、今日からそなたたちは生まれ変わるゆえ、名前を改めよ。今宵よりは、故郷の名をとって、まちは宮城野、そのは信夫《しのぶ》と名乗るべし」

【権化】ある抽象的な特質が、具体的な姿となって現れたかのような人やもの
【宮城野】現在、仙台市内にある歌枕の地
【信夫】現在、福島市内にある歌枕の地

こうして宮城野と信夫の本格的な武芸修行が始まった。姉宮城野は薙刀《なぎなた》の稽古。

「漕手《こぎて》薙手《なぎて》開手《ひらきて》十文字、右転左転八双、木《こ》の葉《は》まくりに沖の白波」と次々と技を覚え、その上達ぶりは正雪も驚くばかり。

一方、妹信夫は鎖鎌の稽古。

「大車輪、小車輪、からみづた。血槍、草刈り、かぶとわり」とたちまち自在に操り、これまた正雪を驚かす。

そうして事件から五年たった寛永八年の春、二人の腕前を見た由比正雪は、仇討ちの正装である白装束と、仙台公伊達陸奥守様への仇討ち願い書を二人に差し出し、「この上は一日も早く仇討ちを成就すべし」と帰郷の許可を出した。

時は寛永八年弥生の十二日、奥州白石の春はまだ浅く、蔵王の高嶺の雪景色。白石川の急流、矢の如く、その音、雷《らい》の如く、瀬枕立ってものすごく、水かさは増すとも減ずることあるべからず。

さてーっ、向こうの岸を見てあれば、二十間四方に矢来すえ、正面には政宗公の検使役、荻野刑部《おぎのぎょうぶ》、林但馬《はやしたじま》。片倉家よりは領主小十郎重長はじめとした重臣二十四名。いずれもいずれも紋ついたる裃《かみしも》つけて、目深に陣笠かぶり、おのおの桟敷《さじき》に列なったり。別に足軽百五十。銘々、黒の塗り棒持って矢来

【漕手薙手〜沖の白波】いずれも薙刀の技名

【大車輪〜かぶとわり】いずれも鎖鎌の技名

【二十間】約三十六メートル

【矢来】竹や丸太などを縦横に組んだ囲い

【検使役】仇討ちを見届けるために派遣された役人

【黒の塗り棒】黒漆塗りの警護用の長い棒

の周囲を固めたり。

一方、こちらの岸を見てあれば、噂を聞いた、近在近郷、森合《もりごう》、越河《こすごう》、本郷、防空壕、ごうごうごうごうレッツゴー。いずれもいずれも鋤鍬《すきくわ》かついで瞬きもせず見守ったり。

折も折なら時も時、巽《たつみ》の方《かた》にあたる孝子堂より現れたる乙女が二人。

姉宮城野の出で立ちを見てあれば、白装束に、白鉢巻き、紫のたすきを綾にかけ、黒漆塗り六尺五寸の薙刀を小脇に抱えて出で立つ姿は、巴御前《ともえごぜん》か葵御前《ごぜん》。一方、妹信夫の出で立ち見てあれば、同じ白装束《おんな》、白鉢巻きに、紅《くれない》のたすき、吹き抜ける風に髪をなびかせ、まなじり吊り上げ、鎖鎌握りしめた姿は、孔雀明王《くじゃくみょうおう》もかくのごとし。

片や、乾《いぬい》の方より現れし侍、年の頃、三十四、五歳、身の丈六尺、色浅黒く、筋骨たくましく、眼光鋭く、ひとかどの武芸者と見えたり。むべなるかな、片倉小十郎重長の臣下のうちにて、新陰《しんかげ》流の使い手にて並ぶ者なきと称された志賀団七。三尺一寸の大太刀を腰に差し、悠然と待ち受けたり。

「おのれ団七、よもや忘れもしない五年前、問答無用の下《もと》、汝になで切りにされた坂戸村の百姓、与四郎の娘宮城野と信夫じゃ。父の敵《かたき》、覚悟せい」

「カンラカラカラ、カンラカラカラカラ。百姓の分際、さらには尼っ子二人でしゃらくさいわ。見れば、なかなかめんこい娘。どうだ殺されるよりおれの側女《そばめ》

【巽の方】　東南の方向
【六尺五寸】　約二メートル
【巴御前・葵御前】　いずれも木曾義仲に従った女武芸者
【孔雀明王】　元は毒蛇を食べる孔雀を神格化したヒンズー教の神。仏教ではあらゆる厄難をのぞくと言われ、女性的な菩薩像で表される
【乾の方】　北西の方向
【むべなる】　なるほどの意
【新陰流】　柳生新陰流
【カンラカラカラ】　豪傑の笑い声
【尼っ子】　女性を卑しめて呼ぶ語
【側女】　めかけ

にでもならないか。切られるたら痛いぞ、血がでるぞー」

「けがらわしいわ。己ごときに肌身を許すくらいなら、肥《こえ》だめに飛び込んだ方がましだ。このくそ侍」

「そうだ、くせいぞくせいぞ」と妹の信夫も声を張り上げる。

「何だと。もう手加減はせぬ。さあかかって来い」

「望むところ」

　姉の宮城野が「えいやー」と上段から薙刀を真っ向う梨割り、唐竹《からたけ》割り。裏を返して青海波《せいかいは》。破群白竜《はぐんはくりゅう》水の月、風車の如く振り回す有様は、二竜《じりゅう》海底に珠《たま》を挑むか龍虎深山《りゅうこしんざん》に肉を争う有様もかくやとばかり。

　しかし、さすがは志賀団七。新陰流の使い手、横に払えば飛び上がり、中途を払えばかいくぐる。前に現れ後に隠れ、千変万化。哀れ宮城野の息も次第に上がってきた。それを待っていた団七、一気に間合いをつめ、三尺一寸の大太刀を振り下ろした。すーうわやと思われたが、妹信夫が団七の鼻先に分銅を放った。分銅のついた鎖は、獲物をねらう大蛇のごとく、あるいは首に食いつかんと、あるいは足をからめんと変幻自在に動き回る。さしもの団七も慣れぬ鎖鎌。着物のすそは断ち切られ、まげはおどろに振り乱れ、防戦一方。そうしてついに信夫の鎖が団七の刀にからみついた。「しまった」と団七、刀を投げ捨て、小づかを抜いて、信夫の懐に飛び込まんとするも、そ

【真っ向う〜青海波】

薙刀を振り回す様。講談の常套表現

【二竜海底に〜肉を争う有様】

二つが、すさまじく争う様。講談の常套表現

【すーうわや】

突然の出来事に驚いたり、それを他人に告げるときに発する語

【小づか】

刀の鞘の外側に差す小刀

れより早く、宮城野の薙刀が団七の左足を薙ぎ払った。もんどり打って、倒れた所へ、信夫が走り寄り、「親の敵」と鎌を振り下ろし、とどめをさした。

見ていた人々、「やったあやったあ」と拍手喝采。どっとあがる鬨《とき》の声は天地乾坤《けんこん》をゆるがし、白石川をくだり、阿武隈川と合流し、仙台湾に注ぎこみ、驚いた魚が浜に押し寄せ、思わぬ大漁をもたらした。

こだまする歓声の中、しばらく放心していた姉妹は、突如、刃《やいば》を翻《ひるがえ》して自刃《じじん》しようとする。慌てて止めに入った片倉家の重臣が訳を聞くと、

「いかに仇討ちといえども、お武家様に手を掛けた罪は消えませぬ。どうかいかようにも御成敗下さいませ」と泣き出した。

これを聞きて感動せざる者なし。仙台公よりも「この女子《おなご》ども、家中の者の養女に給うべき」旨《むね》、仰せ出され候うも、この後、二人は髪を下ろして仏門に入り、慶化尼《けいかに》、慶仏尼《けいぶつに》と名を変え、念仏三昧《ざんまい》の日を過ごしたという。

後に慶安四年、恩のある由比正雪は丸橋忠弥と共に企てた幕府転覆に失敗し、打ち首となってしまったが、姉妹はその首を貰い受け、駿河《するが》の弥勒町《みろくちょう》にある菩提樹《ぼだいじゅ》院に葬り、その側に庵《いおり》を結んで、生涯をかけて追善供養を営んだと言う。

「さすが団七新陰流の
　その名聞こえし達人なれば

【鬨の声】士気を鼓舞するため、多人数が一斉にあげる声

【成敗】処罰すること

【仙台公】仙台藩の藩主公

【慶安四年】西暦一六五一年

【駿河】現在の静岡県地域

【追善供養】死者の冥福を祈って仏事を取り行うこと

すでに宮城野危うく見える
　そこで信夫は陣鎌持ちて
鎖投げれば団七殿の
　刀に絡むを後に引けば
姉は突き込み足をば払う
　そこで団七数所へ手疵《てきず》
とてもかなわぬ運命つきる
　姉と妹はとどめをさして
積もる思いの恨みも晴れて
　本望遂げます二人の娘
世にも稀なる仇討ちでござる」
と全国各地で賞賛された宮城野と信夫の仇討ち噺。「奥州白石噺娘敵討」の一席。

【陣鎌】　鎖鎌の鎌部分

（イラスト　村田　遥）

コラム①

コラム①　【由比正雪と慶安の変】

由比正雪は、江戸時代前期の軍学者。生まれは慶長十年（一六〇五年）頃。出自は定かでないが、現在静岡市清水区由比地区に、正雪の生家とされる染物屋があり、「正雪紺屋」と呼ばれている。

江戸へ出て軍学術を開き、その評判はすばらしく、門下生は三千人と言われた。慶安四年（一六五一年）、幕府政策への批判と浪人の救済を掲げ、槍術家丸橋忠弥や金井半兵衛など浪人を集めて挙兵し、幕府転覆を図ったが失敗。正雪は町奉行に宿を取り囲まれ自刃した。享年四十七歳。

その生涯は大幅に脚色され、実録本『慶安太平記』として、江戸時代に大いに流布した。

（「正雪紺屋」店内）

☆史跡案内

①孝子堂と徳富蘇峰の書による標柱

②父が斬り殺されたという八枚田。奥に土井晩翠の歌碑

③白石川河原にある仇討の場所を示す碑

〈所在地〉

①② 宮城県白石市大鷹沢八枚田

③ 宮城県白石市六本松河原

二、哀《あわ》れ悲《かな》しや実方中将《さねかたちゅうじょう》

☆愛島《めでしま》に残る実方伝説

宮城県名取市愛島に、「中将実方朝臣の墓」がある。

実方とは、平安時代中期の公家、近衛中将藤原実方のことである。和歌の才能に優れ、『百人一首』にも「かくとだにえやはいぶきのさしも草さしも知らじな燃ゆる思ひを」という歌が採られた和歌の名人である。この歌は、実方が思いを寄せる相手に心を打ち明けた歌である。事実、風流と美貌も兼ね備えた実方は、『源氏物語』の主人公・光源氏のモデルとも言われ、清少納言はじめ、多くの女性と浮名を流した。その彼の墓が、なぜ、都から離れたこの地にあるのか。言い伝えでは、ここで落馬し、都に帰ることなく寂しくこの世を去ったという。どんないきさつがあったのだろう。今、その謎を講談で解き明かす。

頃は平安朝の寛和《かんな》二年と申しますから、西暦で言えば九八六年。きらびやかな王朝文化真っ盛りの時代、殿上《てんじょう》の間《ま》にてのこと。

「実方少将《さねかたしょうしょう》様、一つ、恋の道の先達《せんだつ》としてご助言を賜《たまわ》りたい」

「行成《ゆきなり》、藪から棒に何を申す。殿上人《てんじょうびと》になったばかりだというのに」

「いや、その殿上人になりまして、宮仕《みやづか》え致すようになったのですが、宮廷というところは、誠におきれいな方が多くて」

「恋をしたというのか」

「恥ずかしながら」

「相手は誰じゃ」

「中宮《ちゅうぐう》様にお仕えしております、少納言清《せい》様でございます」

「なんじゃと清様だと」

実方が驚いたのは無理もない。プレイボーイの実方、すでに清様とは懇《ねんご》ろの仲。しかし、人生経験豊富な実方、そんなことはおくびにも出さず、

「あの女はやめた方が良い。お前より五つか六つは年上のはずだ。第一バツイチだ」

「いや恋に年の差や、過去は関係ありません」

「やめろやめろ、あの女は生意気でいかん。漢詩や和歌を知らなかったばかりに、やりこめられた男はいっぱいいいる。お前には荷が重い」とさりげなく

【殿上の間・殿上人】内裏の清涼殿にある、昇殿を許されたものが伺候する部屋。許された人々を殿上人と言う

【中宮】皇后と同じ資格の天皇の后《きさき》

【おくびにも出さず】それらしい様子も見せず

あきらめさせようとする。

　この時、実方少将と呼ばれたのは、時の権力者、藤原道長のまたいとこにあたる藤原実方左近少将《さこんのしょうしょう》、二十六歳。一方、行成と呼ばれた少年は、先ごろ元服し、殿上人となった藤原行成十四歳。後世《こうせい》、三蹟《さんせき》の一人として歴史に名を残す男。そして、清様とは、かの『枕草子』を書いた清少納言。

　このとき清少納言二十歳。中宮定子《ていし》にお仕えする女房《にょうぼう》。その機知に富んだ会話と、バツイチとは思えぬ清楚さで宮廷の男たちを騒がせた。光源氏のモデルとも言われる、美貌と風流を兼ね備えた実方が、見逃すはずもない。すでにいい仲になっていた。

「おい、清、行成小僧からラブレターが届いているんだって」

「そうなのよ、幼くていやになっちゃうわ。見て、こんな歌なのよ」

「どれどれ、なになに、『思ひつつ寝《ぬ》ればや人の見えつらむ』。小野小町《おののこまち》風でなかなかいいじゃないか。下《しも》の句はどうかな。『年上の女《ひと》美しすぎる』。なんじゃこれ。沢田研二の『危険なふたり』のパクリじゃないか」

「素直って言えば素直なんだけど、ほんとデリカシーないんだから」

「それでおまえは、どう返事したんだい」

「『夜をこめて鳥の空音《そらね》は謀《はか》るともよに逢坂《おうさか》の関は許さじ』。鶏の声をまねして、関所の門を開けさせようとしても、私の門はだまされないわ、決して開

【三蹟】

平安時代の能書家、小野道風、藤原佐理、藤原行成の三人を指す

【女房】

宮中や上級貴族に仕える女性の呼び名

【小野小町】

六歌仙の一人。『百人一首』に「思ひつつ寝ればや人の見えつらむ夢と知りせば醒めざらましを」の歌が採られている

【危険なふたり】

JASRAC（出）2308150４-101

【「夜をこめて」の歌】

清少納言作、『百人一首』所収

かないわと答えたの」
「そりゃ、うぶなぼうやにはきつい歌だね」
「だって私には、実方様って方がいるんですもの」
「あはは、そうかそうか愛《う》いやつじゃ。それにしても行成は、まだまだ恋の歌を詠むには、おぼこじゃのお。あっははははは」

　この二人の話がどういうわけか、行成に聞こえてしまった。

「おのれ、実方。恥を忍んで相談したのに、我が心、よくもてあそんだな。覚えておれ」。いつか仕返しをと、その時節が来るのをじっと待ち受けていた。

　そうしてようやく時節到来、長徳元年と申しますから西暦九九五年。実方すでに三十五歳。左近中将の身。一方、行成も二十三歳の若さで蔵人《くろうど》となり、帝のおそばに侍従する身になっていた。

　頃は弥生《やよい》のはじめとて、都大路は花盛り。小高き峰をながむれば、柳さくらをこきまぜて、天下の春は錦なりけり。東山《ひがしやま》にて、帝をはじめといたした殿上人、うちそろっての花見があった。ところが突然降りだした雨。あでやかな衣装に身を包んだ公達《きんだち》、女房たち、我先にと軒先に逃れた。しかし、一人、実方中将は慌てず、桜の木の下に身を寄せ、
「桜狩《さくらが》り雨は降りきぬ同じくは濡《ぬ》るとも花の陰にかくれむ」と詠み、雨に濡れた着物の袖をしぼってみせた。

【愛いやつ】　可愛い人
【おぼこ】まだ世間のことをよく知らないこと
【弥生】　旧暦三月
【公達】皇族や上流貴族の子弟
【「桜狩り」の歌】藤原実方作、『拾遺和歌集』所収

この話を伝え聞いた一条天皇、

「さもあらん。実方ほど風流な男は他にあらずや」と激賞いたしますと、お側にいた蔵人の行成、

「歌はまことにおもしろきも実方は馬鹿者でござる。それが原因で風邪をひいたりしたら大変なこと。帝のそばにお仕えする身わきまえぬ大馬鹿者」と酷評。

九年前に、少年行成の心を傷つけたことなどすっかり忘れている実方、

「おのれ、行成、帝の前で我をこけにするとは何事ぞ、目にものをみせてやらん」と真っ赤になって怒った。

そうして翌日、実方、参内《さんだい》いたすと、行成と清涼殿《せいりょうでん》殿上の間で鉢合わせ。ツッツッツッツと行成に近寄った実方、ものも言わずに行成の頭《つむり》の冠《かぶり》を手でうち落とし、南に面した小庭に投げ捨ててしまった。貴族社会において、公の場で頭をむき出しにされるのは、これ以上ない恥辱。周囲の人々あっけにとられる。しかし、行成は少しも騒がず、おつきの者に冠を拾わせ、身に着けていた小刀《こがたな》から笄《こうがい》を抜き出し、乱れた鬢《びん》をつくろい、冠をつけなおし、居ずまいをただす。

「実方殿、いかなることでござるか。それがし、貴殿よりかほどの乱罰を受けんとは思いもよらず。その理由をお聞かせ願いたい。後のことはそれをお

【さもあらん】そうであろう
【こけにする】馬鹿にする
【目にものを見せる】ひどい目にあわせる
【冠】

（イラスト　村田　遥）
【笄】

【鬢】頭の側面の髪

聞きしてからにしましょう」

相手がおろおろするのを、笑ってやろうと思っていた実方。相手の丁寧で落ち着いた対応に肩透かし。ここで怒鳴り始めては人目が悪いと、そそくさと奥の間へ。

それを小蔀《こじとみ》から見ておりました一条天皇、

「行成は若さに似ずすばらしき男。このようなとっさの対応ができるのは見どころあり」と、行成を、実方も望んでおりました蔵人頭《くろうどのとう》に大抜擢。

一方、実方に対しては、

「殿中《でんちゅう》にて乱暴狼藉働くとは、けしからず」とお怒りになり、「陸奥《むつ》の国司となり、歌枕を調べて参れ」とご命じになった。

歌枕と申すものは、古歌に詠まれた歌の名所、旧跡をさすのだが、実際にその土地を訪ねて詠まれたものでないものも多く、どこをさすのか、またその地が実際どうなっているのかが、都人の興味の的になっていた。

こう聞くと、一見、お気楽な転勤命令のように思う方もいると思うが、今で言えば、本社の常務取締役が、突然アラスカの出張所に飛ばされたようなもの。

そうして長徳《ちょうとく》元年九月二十七日、泣く泣く都を離れた実方、「清に逢いたし逢坂の関、旅は幾夜か小夜《さよ》の中山、宇津《うつ》の山路はうつうつとして、鳥に言《こと》

【小蔀】格子づくりの戸を付けた小型の窓

【蔵人頭】宮中の諸事務をとる役人を指揮・監督する役目

【国司】各国の行政にあたった地方官

問う隅田《すみだ》の渡し、筑波《つくば》の峰をはるかにのぞみ、秋風ぞ吹く白河の関」と、一か月あまりかけて陸奥《みちのく》の入り口に達した。

さあ、いよいよここから、都人が見たことない歌枕を巡りながらの旅。安達ケ原《あだちがはら》にて風におののき、信夫《しのぶ》もぢ摺《ず》り乱れに乱れ、名取の川の水の冷たさと、ついに陸奥《むつ》の鎮守府多賀城の国司として赴任した。

ついてみて実方、都とのあまりの違いに嘆きの連続。

折しも冬立つ日の頃おいとて、塩釜の浦から吹く風は、あたりの木々を寒々とざわめかせる。市《いち》を通る人々の声は、

「あばいん、ございん、ルートイン」「なきびっちょ、かなげっちょ、カルパッチョ」「おがる、ごしゃがる、バイリンガル」

最後の英語やイタリア語はかろうじて聞き取れるが、その前の東《あずま》言葉はガチョウのさえずりのごとく耳障りなだけ。鄙《ひな》にはまれな娘に、歌を贈ってみたところ、返ってきた歌は「松島や雄島《おじま》の磯にあさりせし海女《あま》のホヤこそここにありけり」

「なんじゃこれは、『待ってるわ』という歌なんだろうけど、どうしてホヤが出てくるんだ。あの気持ちの悪いぷよぷよしたやつ」

風流を重んじる実方、いくら美しい娘でも「ほや」にたとえられたのではいただく気にはなれない。

【鎮守府】平安時代、蝦夷に対する防御の為に置かれた役所

【あばいん、ございん、なきびっちょ、かなげっちょ、おがる、ごしゃがる】いずれも仙台弁。「行きましょう」「おいでなさい」「泣き虫」「かなへび」「成長する」「怒られる」の意

【鄙】田舎

【ほや】三陸特産の海産物

また都では、季節季節に風雅な習わしを楽しんでいたのだが、それもままらない。春の菜摘《なつ》みは雪に覆われ、五月《さつき》の菖蒲《しょうぶ》の節句は、菖蒲が見当たらず、代わりに沼に生えているマコモを取ってきて、代用にする情けなさ。

「やってらんねえや。早く勅命《ちょくめい》の歌枕の調査を終えて、都に帰りたいもんだ」

と実方は、今日は末《すえ》の松山、明日は松島、一日置いて姉歯の松と精力的に調べまわる。ところが、たった一か所「阿古耶《あこや》の松」というのがわからない。「あそこや」というところに行ってみるものの、それらしき見るべきものもない。疲れ果てて、松の根方で居眠りをしていると、一人の翁が夢の中に現れた。顎《あご》のひげは胸のあたりまで垂れ、額《ひたい》には青海《せいかい》の波を漂わせ、つむりは白銀《しろがね》を植えたるがごとし。

「実方中将、何を物思いなさるか」

「私を先の近衛中将と思《おぼ》し存じるそなた、そのなりから見るとせんにん（仙人）でございますか」

「わしは一人だ。せんにん（千人）ではない、このあたりのじゅうにん（住人）だ」

「一人なのにじゅうにん（十人）と言うはこれいかに」

「一つでもまん頭《じゅう》というがごとし。わしはそなたが毎日お参りしている塩釜神社の住人じゃ」

【菜摘み】新春の若菜摘みの行事

【菖蒲の節句】陰暦五月に邪気払いのために屋根に菖蒲の葉をさす行事

【勅命】天皇の命令

【青海の波】しわが寄っている様子

【白銀を〜ごとし】白髪になっている様子

「おおならば、そなた様は塩釜神社の大明神か。ならばお聞き申し上げましょう。みちのくにあるという、阿古耶の松とはどこにあるのでしょうか」

「『陸奥《みちのく》の阿古耶の松』というので、同じ字の陸奥《むつ》の国ばかり探しおったろう。みちのくと言うのは、陸奥の国だけではないのだ。隣の出羽《でわ》まで足を伸ばしてみなされ」

はっと目を覚ました実方、東を向き、塩釜神社の方に手を合わせると、急いで出羽の国へ向かった。

そうして、ついに出羽の国、平清水千歳山《ひらしみずちとせやま》にある阿古耶の松にたどりついた。今であれば、スマホで写真を撮って、すぐにメールで報告できるのだろうが、平安時代ではそうもいかない。まずは多賀城の館《やかた》に戻って、都に帰る準備をしましょうと馬を飛ばす。

急ぎに急ぎ、名取郡笠島道祖神《ごおりかさじまどうそじん》の前を通り抜けようとしたとき、村人が声をかける。

「この神は、比べもののないほどえらい神でござる。下馬《げば》なさって参拝なされ」

「急いでおるからのう。わしは元《もと》近衛中将だった身、わしよりえらいのか。いったいどんな神なのだ」

「この神でござる」


【出羽】旧国名、現在の山形県から秋田県をさす

「なんだ、このひわいな像は。男と女が抱きあっているではないか。公共の秩序に反する。けしからん」

「これは元《もと》、賀茂の河原の西、一条の北におられた道祖神の娘と、その娘が親に背《そむ》いて通じてしまった男の像です。この国に追い下され、亡くなってしまったのですが、身分違いの男女が一緒になりたいときに、男の形を作って、この像にかけると、願いがかなうと言われています」

「なんたる下品な神であるか。わしはそのようなものには下馬せぬ」と実方、馬に鞭《むち》をピシッーと当てた。

「危のうござる」と村人が止めるのをふりきり、一町ばかり走り去ったが、突然、馬が石につんのめった。「あっあっあっ」と実方声をあげる間もなく、体が放り出され、一回転して地面にたたきつけられた。

「大丈夫でござるか」

慌てて走り寄る付き人。しかし、当たり所悪く、頭からは、したたり落ちる血潮。

「むむむむ無念じゃ。左近の中将までのぼりつめた余《よ》、かようなひなびた地で終わりを迎えるとは。都に、都にもう一度帰りたかった。この歌を清《せい》に伝えてくれ」と震える手で筆をとり、一首したためた。

「みちのくの阿古耶の松をたずね得《え》て身は朽《く》ち人となるぞ悲しき」


【一町】

約百九メートル

【「みちのくの」の歌】

読み人知らずの古歌

実方の死は、早馬《はやうま》で都に告げられた。

折しもその朝、蔵人頭が用いる台盤《だいばん》に一羽の雀が降り立ち、鉢のおこわをつついたと言う。それを見た人々、蔵人頭を行成に奪われ、陸奥に追いやられた実方が、雀に化して、舞い戻ったと語り伝えたそうな。

時は流れ、文治二年、西暦一一八六年、西行法師が奥州平泉への旅の途中に立ち寄ったときは、すでに墓はすすきに覆われ、その場所がわからなくなっていたと言う。

「朽ちもせぬその名ばかりを留《と》めおきて枯野の薄《すすき》かたみにぞ見る」

「哀れ悲しや実方中将」の一席読み終わり。


【台盤】

食事を乗せる台

【「朽ちもせぬ」の歌】

西行法師作。『新古今和歌集』所収

コラム②

コラム② 【本文中に出てくる歌枕とその地を詠んだ名歌】

○23ページ

☆「逢坂の関」　山城国（現京都府）と近江国（現滋賀県）の国境にあった峠の関所

これやこの行くも帰るも別れては知るも知らぬも逢坂の関　蝉丸（百人一首）

☆「小夜の中山」　静岡県掛川市にある峠

年たけてまた越ゆべしと思ひきや
命なりけり小夜の中山　西行法師（新古今和歌集）

☆「宇津谷峠」　静岡県藤枝市と静岡市の境にある峠

駿河なる宇津の山辺のうつつにも
夢にも人に逢はぬなりけり　（伊勢物語）

○24ページ

☆「隅田川」　東京都台東区と墨田区の間を流れる川

名にし負はばいざ言問はむ都鳥わが思ふ人はありやなしやと　（伊勢物語）

☆「筑波山」　茨城県つくば市にある山

筑波嶺の裾みの田居に秋田刈る妹がり遣らむもみぢ手折らな　（万葉集・東歌）

☆「白河の関」　陸奥国への入口、現在の福島県白河市にあった関所

都をば霞とともに立ちしかど秋風ぞ吹く白河の関　能因法師（後拾遺和歌集）

〈現在の蔦の細道〉

コラム②

☆「安達ケ原」　福島県二本松市にある黒塚周辺の地
みちのくの安達ケ原の黒塚に鬼こもれりと聞くはまことか　平兼盛（拾遺和歌集）
☆信夫山　福島県福島市にある山
みちのくのしのぶもぢずり誰ゆゑに乱れそめにし我ならなくに　源融（百人一首）
☆名取川　宮城県仙台市から名取市の境を流れて仙台湾に注ぐ川
名とり川瀬々の埋もれ木あらはればいかにせむとかあひ見初めけむ
読み人知らず（古今和歌集）
☆松島・雄島　宮城県松島町の島の一つ
松島や雄島の磯にあさりせし海女の袖こそかくは濡れしか　源重之（後拾遺和歌集）
○25ページ
☆末の松山　現在の宮城県多賀城市にあったと言われる山
契りきなかたみに袖をしぼりつつ末の松山波越さじとは　清原元輔（百人一首）
☆姉歯の松　現在の宮城県栗原市にあったと言われる松
栗原の姉歯の松の人ならば都のつとにいざと言はましを　在原業平（伊勢物語）
☆阿古耶の松　現在の山形県山形市平清水千歳山にあったと言われる松
みちのくの阿古やの松に木隠れて出でたる月の出でやらぬかな　読み人知らず（古歌）

☆史跡案内

①実方中将の墓

②桜狩りの碑

③阿古耶の松
令和三年二代目の松が枯れ、
現在は三代目の幼木

④笠島道祖神

〈所在地〉
①②宮城県名取市愛島塩手字北野四十二
③山形県山形市平清水二十四 千歳山萬松寺
④宮城県名取市愛島笠島字西台一の四

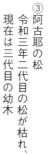

三、荘厳寺逆さ門の由来《しょうごんじさかもんのゆらい》

☆荘厳寺山門伝説

仙台市青葉区新坂町《にいざかまち》に荘厳寺という浄土宗の寺がある。一六〇一年にお堂を構えたのが始まりというから、そう古い寺ではない。しかし、その山門は総檜《ひのき》造り、本瓦葺《かわらぶき》で、観音開きの立派な扉を備えた、市内でも有数の堂々とした門である。この門は、「逆さ門」と昔から呼称され、あの伊達騒動の当事者原田甲斐《はらだかい》の屋敷の門であったと伝えられている。原田一族は公儀の怒りを受け、処罰され、屋敷はお取壊しとなったはず。その門が、なぜ屋敷と離れた荘厳寺に残っているのか。また、なぜ「逆さ門」と称されたのか。その謎に迫る一席。

仙台藩家老原田甲斐。ご存じ、伊達騒動をもとにした歌舞伎「伽羅《めいぼく》先代萩《せんだいはぎ》」の悪役仁木弾正《にっきだんじょう》のモデル。それはあくまで歌舞伎の世界のもので、

【伽羅千代萩】

40ページコラム③参照

真実は歴史の闇となっている。
寛文《かんぶん》十一年四月、徳川四代将軍家綱の時代。伊達六十二万石の仙台のご城下。

「てえへんだ、てえへんだ。お江戸で大変なことがあったよ。仙台様のご家老原田甲斐様、ご大老の屋敷で、取り調べの際中、刃傷沙汰《にんじょうざた》。かっと目を見開いた甲斐様、素早く袴《はかま》の股立《ももだ》ちを取り、右の肩衣《かたぎぬ》を跳ね上げ、『このたびの遺恨思い知れ』と平安城信国《へいあんじょうのぶくに》の鍛えたる業物《わざもの》に手を掛け、伊達家御一門の安芸《あき》様に飛び掛かった。この続きはどうなったかって。それは買って読んでのお楽しみ」とほっかぶりをした瓦版《かわらばん》売りが声を張り上る。

通りかかった荘厳寺六世の良満和尚《りょうまんおしょう》、この方、ご城下では名僧の誉れ高く、伊達家の信頼もすこぶる厚い方である。

「ちょいと小僧さん、気になることがある。あの瓦版を買ってきなさい」と三文を手渡す。

「和尚様買って参りました」と手渡された瓦版。一目見るなり、目をかっと見開いた。

「何ということ、恐れていたことが起きてしまった。これは伊達家にとって御家存続の一大事。こうしておれん」と足早にお寺へ帰ると、仙台領船岡《ふなおか》にある原田屋敷に手紙をしたためた。

【寛文十一年】
西暦一六七一年

【刃傷】
刀で斬りつけること

【袴の股立ちを取る】
活動しやすいように、袴の左右の開いている部分をつまみあげ、帯に挟みこむこと

【業物】
名工の鍛えた刀

【安芸様】
伊達家御一門の伊達安芸。藩政の乱れを幕府に訴え出た

その手紙より早く、この度の変事と「原田家の子息ら方々へ預かり置くべし」との幕府からのご沙汰を知った甲斐の長男帯刀《たてわき》は、舎弟三人に原田家家老片山隼人を交え、評定を始めていた。

はた目には男兄弟四人そろって心強く思われしも、大坂の陣以後の天下泰平の世に生まれた男たち。事の次第に青ざめ、おろおろするばかり。それを焚《た》きつけたのが家老の片山隼人。

「是も非もないことでございます。殿は忠義を尽くさんと命をかけたのが分からんのですか。たとえ公儀のご沙汰を受けて、兵が繰り出されても、この館《やかた》は堀も深く、矢種《やだね》、兵糧も十分にあり、一か月や二か月の籠城はできまする。万一、味方に運が尽きたときは、切腹か、潔く討死にすれば、何の心残りがありましょうか」

「そううまくいくかなあ、われら兄弟、真剣を扱って人を切ったことはない。生き物を切ったのは包丁で鯉のあらいを作ったときぐらいだ」

「おれもそうだ、子供のとき、皆で野良犬を追いかけまわして、棒でたたき殺したときは、三日三晩、夢に血みどろの犬が出てきた」

「なんたる情けなさ。各々方は由緒ある武門の家に生まれた方々。百姓、町人とは同じではございませぬ。人は死ぬべき時に死ななかったならば、死にまさる恥が多いと申します」と言上《ごんじょう》に及べば、長男帯刀も、さすがに感じる

【沙汰】決済された指令
【舎弟】自分の弟
【評定】相談をすること
【焚きつける】相手の感情を刺激し、行動に駆り立てる
【是も非もない】良い悪いの判断に及ばなく、そうするより仕方がないの意
【鯉のあらい】生きた鯉をさばいた料理
【言上】目上の人に申し上げること

ものがあり、

「亡き父、存命のうちより、当家を任されてきたその方の意見。若輩のわれら従いましょう」と返事をする。

隼人、大いに喜び、早速、手配りのため出ていくと、入れ違いに良満和尚からの手紙が届いた。

「ここでの軽挙妄動くれぐれも謹むべし。徳川家の覚えめでたい白石の片倉殿に『悪《あ》しきようには取り計らぬよう申し上げてくれ』とお願いしている。謹んで吉報を待つべし」とある。

伊達家の信頼厚い良満和尚の手紙を読んだ四兄弟、元々、戦う気などなかったからすぐに心変わりし、それぞれ親戚筋にお預けされることとなった。

しかし、それぞれ親戚筋で蟄居《ちっきょ》していた四兄弟に、片倉小十郎より、「ご公儀の怒りすさまじく、御亡父《ごぼうふ》の罪軽からずの沙汰があった。申し開きする言葉なく、強いて否めば、伊達の御家《おんいえ》は危うくなりかねない。こうなった以上、潔く切腹し、父の罪を償うのが家臣としての務めではないか」という申し送りが届いた。

原田兄弟、

「やんぬるかな。良満和尚の言葉にすがってしまった我らが愚かであった。今となっては片山隼人の言葉が身にしみる」と後悔したが後の祭り。

【覚えめでたい】信任が大変厚い

【蟄居】外出せず、家で慎んでいること

【やんぬるかな】もうおしまいだの意

そうして六月の仙台のご城下。

「てえへんだ、てえへんだ、聞くも涙、読むも涙。涙、涙の出来事だよ。原田様のご子息、残らず切腹。お孫様も一緒にお仕置き。さあ詳しい事はこれを読んでくれ。三文三文、たったの三文だ」と瓦版売りが売り歩く。

「なんとお孫様まで、かわいそうにねえ」

「なんでもお兄様の方は、鬼ごっこの最中、目隠ししてお友だちを追いかけていたところを、後ろから口をふさがれ、わき腹を貫ぬかれたそうな」

「弟の方はもっとかわいそうだよ。ハイハイするようになったばかりのかわいい盛りなのに、昼寝をしているところ、濡れ手ぬぐいで鼻と口を覆われたそうな」

「かわいそうだねえ。曾《ひい》おばあさまの慶月院《けいげついん》様はあまりのことに食を絶ち、亡くなったそうな。ご公儀もあんまりだねえ」

巷《ちまた》の人々の声は良満和尚の耳にも届いた。

「これはまずいこととなってきたわい。ご公儀はこの度の事件は、原田様と安芸様の私闘と片付け、事をおさめてくれているのに、このように下々《しもじも》のご公儀に対するうらみの声が聞こえてしまったら、その怒りは今度こそ四代藩主綱村公に降りかかってしまう。何とかせねば」と思っていた矢先、大工頭の関谷権七が憔悴しきって和尚のところへ現れた。

【仕置き】処罰すること

【巷】まちなか

「和尚様聞いて下せえ。先月からご奉行様のお申しつけで、片平丁《かたひらちょう》の原田様のお屋敷の取り壊しをやらさせていただいているのですが、もう嫌でございます。と申しますのも屋敷の解体作業が始まってから、配下の大工や人夫が立て続けに亡くなってるんです。一人は足場から落ち、頭を打ち付け即死。一人は落ちてきた瓦屋根が頭に当たり、翌日、息を引き取りました。原田の家紋が入った瓦だったそうです。また、おととい飯場《はんば》の人夫が、夜中に突然うめき声をあげて走り出し、広瀬川のがけから自ら飛び降りて、行方知らずになってしまいました。皆、原田様のたたりではないかとささやきあっております」

「何、たたりだと。そのようなこと妄《みだ》りに申すものではない。お前たち暑い日が続くので、さぼろうとしているのではないか」

「そんなことはございません。実は私も昨晩、門からすすり泣く子どもの声が聞こえるのを耳にしています。始末された甲斐様のご長男、帯刀様のお坊ちゃまの泣き声だと皆が申しております」

「頭《かしら》まで怖気づくとはただ事ならぬのお。よし、わしも一緒に訪ねてみよう。今宵、案内せえ」

そうしてその夜、ご城下が寝静まった亥《い》の刻と申しますから午後の十時。新月《しんげつ》のころで月あかり少なく、提灯《ちょうちん》を持った小僧を引き連れた良満和尚は、

【奉行】他藩における家老職をさす呼び名

【片平丁】仙台の武家屋敷がある地名

【飯場】工事現場の宿泊所

【新月】陰暦の月の初めに見える細い月

頭の権七と門の下に立った。

「頭、何も聞こえないではないか。やはり、お前たちの気の迷いではないか。おおかた、ねずみでも鳴いたのであろう」

きびすを返そうとすると、ごーんと九つの鐘が響いてきた。

そのとき、むっとした空気を切り裂くがごとく一陣の風が屋敷を吹き抜けた。木々の枝葉はざわめき、驚いた夜鴉《よがらす》がカアカアカアカアと鳴き騒ぐ。門の観音開きの扉はギシギシギシギシときしみ声をあげ、屋根を支えている棟《むな》木《ぎ》のあたりから「しくしくしくしく」とすすり泣くような声が響いてくるではないか。声はうらむがごとく、嘆くがごとく、また切り裂くがごとく、忍ぶがごとく聞こえてくる。

小僧が「ひゃあー」と声をあげ、提灯を放り投げ逃げ出し、頭は腰が抜けて動けなくなる。しかし、さすがは名僧と言われた良満和尚、門の天井を仰ぎ見、合掌して、天まで届けと経文を唱え始めた。

「我昔所造諸悪行《がしゃくしょぞうしょあくぎょう》、皆由無始貪瞋痴《かいゆむしとんじんち》、従身語意之所生《じゅうしんごいししょしょう》、一切我今皆懺悔《いっさいがこんかいざんげ》」と懺悔偈《さんげけ》を力強く唱えると、一転し、「南無阿弥陀仏《なむあみだぶ》、南無阿弥陀仏、南無阿弥陀仏、南無阿弥陀仏、南無阿弥陀仏、南無阿弥陀仏、南無阿弥陀仏、南無阿弥陀仏、南無阿弥陀仏、南無阿弥陀仏《なむあみだぶつ》」と数珠《じゅず》を繰りながら十念を唱えると、風も収まり、すすり泣く声も聞こえなくなった。

【きびすを返す】
引き返すの意

【九つの鐘】
午前零時を知らせる鐘

【懺悔偈】
人間として生きるために犯す諸悪行を見つめ直す文言を、詩句の形式で表した経文

【十念】
阿弥陀仏の御名を十遍唱えること

この噂はたちまちご城下に広がった。

「あれは屋敷に遊びに来ていた殺された孫たちの声だ」

「いや屋敷の取り壊しに抵抗した家人《かじん》が、あの門の下でなでぎりにされたそうだ」と噂は噂を呼ぶ。

取り壊しを命じた仙台藩奉行も、いかにしたものかと協議したが、妙案が浮かばない。

その時、藩にご進言を申し上げたのが良満和尚。

「拙僧考えまするに、この度の出来事と一連のお仕置きについて、領内の人々においてあらぬ噂が飛び交ること、藩政におきまして誠によろしからぬこと。それを鎮《しず》めるためにも、原田甲斐一門の迷える霊を、供養すること必要かと思います。しかし、公《おおやけ》に行うのはご公儀に対してははばかりがございますれば、残っております原田家仙台屋敷の門を我が寺に移築し、山門といたし供養申し上げたい。ただそのまま移したのではこれまた、はばかりがありますので、門の柱、上下左右を取り換え、『悪を善に転じた』逆さ門として移築申し上げたい」と。

奉行はこの申し出をお許しになり、寛文十一年十一月、原田甲斐の屋敷門は、柱の上下左右を取り換え、組み直し、仙台北山新坂町の荘厳寺に移築された。

【はばかり】遠慮

良満和尚がひそかに朝な夕なに、原田一族の霊を弔《とむら》ったのは、言うまでもない。

さらに、ほとぼりが冷めた七十年後の元文《げんぶん》五年、門の脇に、逆さ門弔《とむら》い地蔵三体が建立された。これは原田甲斐の関わりで極刑に処せられた子ども、大人、老人の三者の霊を弔うためのもので、それぞれの台座には、犠牲者の戒名が刻まれてあったそうだが、今は風化して確認できなくなっている。

江戸時代のお家騒動の中でも最も良く知られた伊達騒動。その記憶をとどめる唯一の遺構、「荘厳寺逆さ門」。その由来、一席読み終わりといたします。

【元文五年】
西暦一七四〇年

【戒名】
僧が死者につける名前

コラム③

コラム③　【歌舞伎・伽羅先代萩《めいぼくせんだいはぎ》あらすじ】

十八世紀後半に創作された人気歌舞伎演目。江戸時代の仙台藩伊達家のお家騒動に取材し、奥州の足利家の執権仁木弾正《にっきだんじょう》らが、足利家の乗っ取りを企む物語。

多くの派生形があるが、明治以降、「花水橋」「竹の間」「御殿」「床下」「対決」「刃傷」の六構成が定着。特に、乳母政岡《まさおか》が自らの子を犠牲にして、悪人一派から幼い主君鶴千代《つるちよ》を守る「御殿」、御殿の床下で警護をしていた荒獅子男之助《あらじしおとこのすけ》を弾正が鼠の妖術で出し抜き、去っていく「床下」、弾正が細川勝元《ほそかわかつもと》による裁判に敗れ、抵抗の末に成敗される「刃傷」などの場面が有名。

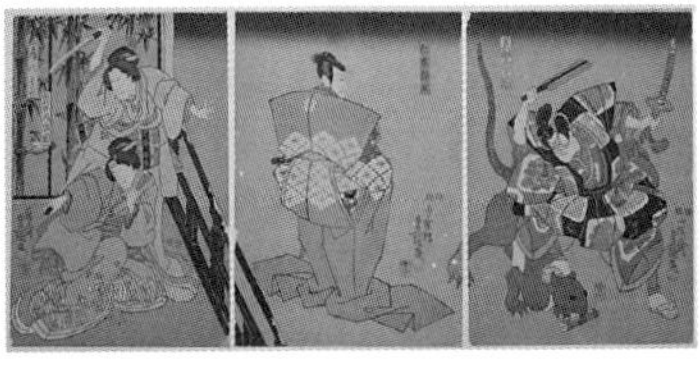

☆史跡案内

①荘厳寺逆さ門

③原田家
仙台屋敷跡

②弔い地蔵

④三沢初子の墓
「伽羅先代萩」の政岡のモデルと
言われた三代藩主綱村の側室

〈所在地〉
①②　仙台市青葉区新坂町十二の一　荘厳寺
③　仙台市青葉区片平一の六の一　仙台高等裁判所内
④　仙台市宮城野区榴岡五の四

四、西行、松島戻しの松

☆西行戻しの松伝説
仙石線松島海岸駅の西側の坂道を登って行くと、二十分あまりで「西行戻しの松公園」につく。松島湾を一望に見下ろし、春には桜の名所としても知られる場所であるが、ここに、鎌倉時代、歌人西行が訪れ、土地の住人から、自分の歌に対する無知を思い知らされ、都に逃げ帰ったという伝承が残っている。
はたして西行は何のために、この地を訪れたのか。そして、この地で何があったのか。
古典講談には、すでに『鼓が滝』という西行の歌修行を扱った良く知られた演目があるが、その姉妹編として創作した一席。

西行法師と申す方は、鎌倉時代の歌人でございまして、元は佐藤義清《のりきよ》と名乗りました北面の武士でございます。

北面の武士と申しますのは皇室の護衛兵でございまして、採用に当たりましては、武芸の腕前のみならず、家柄やルックスも重要視されていました。先祖は平将門《まさかど》の乱を鎮圧した功で、陸奥の鎮守府将軍となった藤原秀郷《ひでさと》。後世の武士たちから、武芸故実の祖と崇《あが》められた方でございます。その嫡流である佐藤義清も藤原秀郷相伝の流鏑馬《やぶさめ》の名人でありました。後のことではありますが、行脚《あんぎゃ》の途中、鎌倉を通りかかりましたとき、時の将軍源頼朝公に引き止められ、その流鏑馬の奥義《おうぎ》を伝授したそうでございます。現在、毎年四月と九月の二回、鶴岡八幡宮で行われる流鏑馬は、そのとき西行が伝えたものだと言われています。

武芸だけではありません。身長百八十センチのイケメン。和歌にも優れ、宮廷勤めの女房からは、もてもてだったそうでございます。どのくらいもてだったかと申しますと、佐藤義清がのどを潤すのに使ったひしゃくを投げ置くと、女房たちが走りより、誰が最初にそのひしゃくを使うか奪い合いになったそうでございます。むべなるかな、ついには、ある高貴な身分の方とできてしまったのでありました。

「俺が歌を贈れば、どんな女もいちころよ」と義清は得意の絶頂、自信満々。

ところがある日、青天《せいてん》の霹靂《へきれき》と申しますか、その女性より、「あこぎの浦ぞ」とだけ書かれた手紙が送られてきました。手紙の最後にはメールの絵文字の

【嫡流】嫡子から嫡子へと家督を伝えていく本家の血筋

【相伝】代々受け継いで行くこと

【流鏑馬】馬を馳せながら鏑矢で的を射る競技

【奥義】学問、技能などの極意

【青天の霹靂】思いがけず起きる突発的な出来事

ようにバイバイの手のひら。

「がーん」

しばし固まってしまった義清、ことの重大さに気づき、あたふたと女のもとへ。

「どうしたのですか。あこぎの浦とはどのような意味でしょうか」と聞きますと、

「あなた、そんなこともわかんないの、だからいやなのよ」

「は？」

「あなた、自分で歌の名手だと思っているけど、まだまだじゃない。あたしのようなハイソサエティな女性とおつきあいするなら、もっと教養を身につけなきゃ」とさんざんな言葉。

佐藤義清は失恋のみならず、俺に勝る歌詠みはおるまいというプライドもへし折られてしまいます。二十世紀の伊勢正三と同様、二十二歳で別れの季節を迎えてしまいました。義清は、「もうすべてが嫌になった。この世を捨てて、西方浄土にいきたいものだ」と出家をし、西行と名乗ったのであります。

さて、出家をした西行ではありますが、女への未練を断ち切ることはできません。

「いったいこの俺の何が悪かったのだ。そもそも『あこぎの浦』とは何ぞや」

【ハイソサエティ】上流階級

【伊勢正三】フォーク歌手。代表曲に『二十二歳の別れ』がある

と煩悶《はんもん》いたしますが、一向にわかりません。そうしているうちに尾張の熱田《あつた》神宮に「知る人ぞあり」と聞き、出かけていきますが、誰に聞いても「そんなことを言っている人もあつたなあ」と答えるばかりで要領を得ません。

西行が本殿に参拝しながら、「いったいどこへ行けば知っている人がいるのでございましょうか」と愚痴をこぼしますと、どこからか、「西行は西へ行くべき人ぞなし東へ行けば待つ島ぞあり」と声が響きます。西行は驚き、「これは熱田大神日本武尊《あつたのおおみかみやまとたけるのみこと》の直々のお言葉ではないか。日本武尊も荒ぶる蝦夷《えみし》を討つために遠く陸奥《むつ》へ渡ったと聞く。『待つ島』とは奥州松島のことではないか」とひらめき、尾張名古屋を後にして、富士も映ろう宇津峠、鳥に言問《ことと》う隅田川。筑波の峰をうち超えて、白河の関に秋風ぞ吹くと、早くも奥州の入り口に達しました。

「うーん、この道は、我が敬愛する和歌の先人、能因《のういん》法師もかつて通った道。熱田の神に導かれてここまで来たが、これも前世の縁。必ず松島で『あこぎの浦』の謎が解けるはず」と足取りもいっそう軽く、信夫《しのぶ》もぢ摺《ず》り名取川、末《すえ》の松山波越えて、ついに松島の大パノラマを目にしたのであります。

島のありさま、伏すものは波に腹ばふ。あるは二重に重なり、三重に畳みて、左に別れ、右に連なる。負へるあり、抱けるもあり、児孫を愛するごとし。松の緑細やかに、屈曲おのづから矯《た》めるがごとし。その気色《けしき》妖然として

【尾張】現在の愛知県東部
【日本武尊】日本神話の英雄、倭建命とも表記
【蝦夷】古代東北地方において大和朝廷に従わなかった人々
【言問う】質問する
【能因法師】平安時代の歌人
【信夫もぢ摺り】織物の模様の摺り方の一つ、信夫郡（現在の福島市）の特産
【名取川・末の松山】いずれも宮城県内にある歌枕
【矯める】曲げたり、伸ばしたりして形を整える
【気色】様子

美人の顔《かんばせ》を粧《よそお》ふ。

元禄年間、この地を訪れた松尾芭蕉は、あまりの美しさに、句を一句だに詠むことができず、松島の景色を美人が化粧した顔のようだと書き表したそうでございます。

松島を見下ろす丘の大きな松の根元に、腰よりかけた西行、しばしその景色を見とれておりましたが、道中絵日記を取り出し、一首さらさらとしたためました。

「青き海　恋を失ひ　来てみれば　浮き世の果ての　極楽ならん」

これはなかなかの名吟。「あこぎの浦も知らないのか」と嘲られ、落ち込んでいたが、陸奥《みちのく》の歌枕を見て参ったせいであろうか、我が腕前、一段とあがったわい」と、我と我が歌に酔いしれておりました。

すると、いつの間にか、カラスを肩に乗せ、真っ白な髪と髭《ひげ》を伸ばし放題にした翁《おきな》が道中絵日記をのぞきこんでおります。手には大きなざる。

西行、歌の出来映えに機嫌良くしておりますので、「爺様、海に何を採りに行くのだ」と愛想よく聞いたわけでございます。

すると、翁は笑いながら、「海辺にて三年経にてなりにけり」と答えます。

「むむ、こしゃくな、このじじい、わしをそんじょそこらの歌詠みと見て、謎かけ歌で答えおったわい。こんなのは朝飯前、三年でなるというのは『桃

【顔を粧ふ】顔を化粧する

【浮き世】つらくはかないこの世

【歌枕】23ページ本文参照

栗三年、柿八年』のことだろう」と考えて、

「いがはあらねど浜のくりなり。はまぐりだ」と返しました。

翁はにやっと笑い、

「坊様、一通りはできるようじゃの。じゃがまだまだの腕前と見える」とぼそっとつぶやきます。

聞きとがめた西行、

「俺の歌のどこが悪い」とくってかかりますと、

「坊さま、歌の中に、おぬしの心に引っかかっていることが、中途半端に出ておりますのじゃ」

わけがわからんという顔をしていますと、

「在原業平《ありわらなりひら》公の『かきつばた』の歌はご存じか」

「はてどんな歌であったろうか、聞いたことはあるような」と西行、首をひねっておりますと、
突然、翁の肩に止まっていたカラスが「ソンナノモワカラナイノカー、バーカー」と叫びます。

西行ぎょっとしておりますと、

「から衣、カー。きつつなれにし、キー。つましあれば、ツー」と付け足します。西行あっけにとられていますと、

【在原業平】
六歌仙の一人
【「かきつばた」の歌】
『古今和歌集』所収
「唐衣きつつなれにし
つましあればはるばる
きぬる旅をしぞ思ふ」

「これはカラスではない。天竺《てんじく》から来た九官鳥という人の言葉をしゃべる鳥じゃ。今のでお気づきじゃろう。業平公の歌は、五七五七七のそれぞれの句の最初の音をつなぐと、『かきつばた』という花の名前が読み取れる歌。おぬしの歌はどうじゃ」

「はあ?テンテンテンテン」

するとまたまたカラスいや九官鳥が、

「青き海、アー。恋を失い、コー」と西行の歌を詠み始めるではありませんか。

西行つられて一緒に、

「青き海、アー。恋を失い、コー。来てみれば、キー。浮世のはてに、ウー。極楽ならん、ゴー」

しかし、最初の文字をつないで見ても「アコキウゴ」。何のことか意味不明。西行再び「テンテンテンテン」

「バカーバカーバカー、ゴクラクゴクラク、ラクエンラクエン」と九官鳥がけたたましく叫びます。

これは「第五句目の『極楽』を『楽園』という語に変えろという意味か」と思い、読み直してみます。

「青き海恋を失い来てみれば浮き世の果ての楽園ならん。青き海、アー。恋を失い、コー。来てみれば、キー。浮き世の果ての、ウー。楽園ならん、ラー」

【天竺】インドの古称

【かきつばた】

そのとき西行気づいたのであります。極楽を楽園に読みかえると、我が歌の中に、悩んでいた言葉「あこきうら」、すなわち「あこぎうら」が読み取れるではありませんか。

西行、あまりのことに呆然とたたずんでおりますと、翁は、

「お手前が気になっていることが、自然と歌の中に現れたのじゃ。だが、しょせん未熟者ゆえ、その言葉も完全ではなかったのう。まだまだじゃ」

西行、この方こそが熱田の大神《おおみかみ》が「待つ島ぞあり」と暗示してくれたお方ではないかとへへーと頭を下げ、

「翁こそ、私に『あこぎの浦』の意味をご教示下さる方ではあるまいか。その白髪《はくはつ》、髭三丈《さんじょう》を見れば、名のある歌仙。歌の仙人かと思われるが、ぜひお名前を」と聞きますと、

「せんにん（千人）とはこれいかに、たった一人でおるがのう」

「いや一羽でも九官鳥と言うがごとし。あなたこそ、古来六歌仙と呼ばれた歌の名人のお一人では」

「ははははは、まあ、それは想像に任せる。じゃが、お手前が悩んでおる『あこぎの浦』。それはわしが詠み人知らずと名前を隠して詠んだ歌じゃ。あの頃はわしも若かったでのお」

「で、それはどのような歌でございますか」

【髭三丈】髭を地面に垂れるがごとく伸ばした様

「知らぬのか。勉強不足じゃのう。紀貫之《きのつらゆき》公が撰した歌の教科書『古今六帖《こころくじょう》』に載っておる『逢ふことは阿漕の浦に引く鯛のたび重ならば人も知りなむ』という歌じゃ」

「して、その心は」

「同じところで何回も鯛が釣れたら、みんなその良い場所を知ってしまいますよ。逢うのが、何回も重なったら、ばれてしまいますよ、もうやめにしましょうという意味じゃ」

西行、ここにおいて初めて女の言葉の意味が分かったのでございます。愕《がく》然《ぜん》としておりまする西行に、追い打ちをかけるように、

「お手前、歌を詠む者ならば、先人の歌を大事になされ。先達《せんだつ》の歌を知らずして、『我が意満ち足り』など思うこそ、歌詠みの下衆《げす》でござる」

九官鳥が「マダマダジャ、マダマダジャ」と叫びます。

西行、顔を真っ赤にして平身低頭。穴があったら入りたいとはこのことだと思い、しばらく額を地面にこすりつけておりましたが、冷や汗をぬぐいながらそっと顔を上げると、ただ一本の松の大木がそびえたっているのみ。梢の先で一羽のカラスがカーカーカーと鳴いているだけ。

西行、我、若年《じゃくねん》の極みにもかかわらず、天狗慢心いたすところ戒めんがため、六歌仙のお一人が姿を変えて現れたもうに違いない。我これより一途に

【紀貫之】
平安時代の代表的歌人。『古今和歌集』の撰者

【先達】
学芸、技能などで、先にその道に達した人

【下衆】
品性の卑しい人

【若年の極み】
これ以上ない若さ

和歌の鍛錬に努むべしの誓いを立て、ここより都に戻ったということであります。

現在も、松島湾を見下ろす丘の上に、「西行戻しの松」と名付けられた松が残っているそうです。

西行が真の歌詠みとして名を高めたのは、これより十六年後のこと。

「松島に戻しの松ぞありにけりカラスもろとも今日も旅ゆく」

西行、若き日の歌修行より、「松島戻しの松」の一席、読み終わりと致します。

コラム④

コラム④　【松島に伝わる二通りの伝説】

歌人西行は生涯を旅に過ごしただけに、その名にちなむ伝説は全国に散在する。特に「西行戻しの松」に類した「戻り坂」「戻り橋」といったものが多く、これら一連の話は、いずれも、「名もない童児または女性との歌問答に負けた」とするのが特徴である。

①西行が、この地を訪れ、松の下で「月にそふ桂男《かつらおのこ》の通ひ来て薄孕《すすきはら》むは誰が子なるらん」と詠み、得意がっていると、傍らで草を刈っている童子が、西行の歌を翻案して返してよこした。西行が驚いて何者かを尋ねると、「松島は才人が多い。恥を残すより速やかに帰るがよい」と言うと姿を消してしまった。この童子は山王権現の化身であったという。

（『松島諸勝記』より）

②西行が北面の武士であったころ、官女と契り、しばしば通ったが、女は「あこぎである」と言って、西行をたしなめ遠ざけた。西行は出家をし、諸国を行脚し、その意味を解こうとした。この地を過ぎるとき、翁が牛に草を食べさせていたが、牛が飽かずに食べ続けるので、翁は「あこぎなやつ」とののしった。西行が驚いてその意味を問うと、「阿漕の浦」の古歌を詠み聞かせた。西行は自分の無知を知り、ここより引き返した。この翁は松島明神の神であった。

（『奥羽観蹟聞老志』より）

☆史跡案内

①西行戻しの松

②西行戻しの松公園からの松島の情景

③日吉山王神社（松島山王権現）

④紫神社（松島明神）

〈所在地〉
①②　宮城県宮城郡松島町松島字犬田地内
③　宮城県宮城郡松島町松島字町内四
④　宮城県宮城郡松島町高城字明神三の四十七

五、仙台白萩異聞《せんだいしらはぎいぶん》

☆伊達小次郎伝説

伊達家の正史『貞山公治家記録《ていざんこうじけきろく》』に政宗毒殺未遂事件というのが記されている。

ことの経緯は、天正十八年四月、政宗の母義姫が、溺愛する政宗の弟小次郎を当主にするため、政宗に毒を盛ったというもの。政宗は投薬を受け、一命をとりとめ、二日後、弟小次郎と、小次郎の守役小原縫殿助《おばらぬいのすけ》を手打ちにする。母義姫は、その晩、実家である山形最上氏に出奔したという。

この出来事には多くの謎がある。一つは出奔したその後も、母と政宗の間で、情愛のこもった手紙がやりとりされていること。そしてもう一つが、東京都あきる野市の大悲願寺に伝わる「白萩文書」の存在である。寺の「金色山過去帳《こんじきざん》」には「十五代住職法印秀雄《ほういんしゅうゆう》、俗生ハ伊達大膳太夫照宗之二男、陸奥守政宗之舎弟也」と記されている。その謎はいかに。

「先日参上し、遂に対面かない、本望遂げし候《そうろう》。而《しか》して御頼み申し上げたき事候。その方の庭にありし白萩、一段と見事でござれば、是非とも所望いたしき所存。頂ければ誠にかたじけなく、取り急ぎ一筆したため候」

これは、東京都あきる野市大悲願寺に伝わる、世に言う白萩文書。

元和《げんな》九年と申しますから西暦一六二三年八月二十一日、松平陸奥守《むつのかみ》が大悲願寺海誉上人《かいよしょうにん》の弟子秀雄《しゅうゆう》に当てたもの。庭の白萩を分けてほしいという、他愛のない手紙に見えるが、謎多き手紙でもある。松平陸奥守とは伊達六十二万石の藩主政宗。「遂に対面かない」と記された秀雄とは、一体何者であろうか。

時をさかのぼること三十数年、天正十八年と申しますから西暦一五九〇年三月、政宗の居城、会津黒川城（後の会津若松城）は早朝より慌ただしい空気に包まれた。昨晩、京に忍ばせていた忍びの黒脛巾《くろはばき》組の者より、秀吉が三万二千の直属軍を従え、小田原征伐に出発したという報を聞き、重臣たちが次々と城に馳せ参じた。

政宗の前に伺候《しこう》したのは、御一門の伊達成実《しげざね》、留守政景《まさかげ》、宿老原田宗時、そして政宗の側近片倉小十郎景綱《かげつな》。いずれも人取り橋の戦い、摺上原《すりあげはら》の戦いと政宗と生死を共にしてきた重臣中の重臣。

口火を切ったのは、一騎当千の伊達成実。

【而して】そして

【上人】知徳、慈悲心を備えた高僧

【伺候】貴人のもとへ参上すること

【御一門】伊達家最高位の家格

【宿老】藩政を仕切る重臣

【一騎当千】一人で千人の敵に対抗できるほど強いこと

「何、猿冠者《かんじゃ》ごとき恐るるに足りず。北条が籠りまするのは天下の名城小田原城。そう簡単には落ちはせぬ。万一、北条が敗れたとしても、相当な痛手を負っているはず。この奥州まで攻め入る力はあるまい」

「拙者も同様に思いまする」と原田宗時。

「しかし、直属軍だけで三万とは。これに徳川や前田などの諸侯の軍勢が加われば、その数二十万。あなどることはできない」と留守政景。

「かなわないと申すか」と成実が語気を強める。

「いや、そういうことではないが、わしは秀吉がすでに天下の趨勢《すうせい》をつかんだと見る。ここのところは、遅ればせながらも小田原へ駆けつけ、秀吉の陣に加わるのが得策と思う」

「それは猿めに頭を下げろと言うことか。それではせっかく切り取った奥羽三十六郡を手放せというのか」と成実が激高し、床板をたたく。

そのあまりの剣幕に、しばし沈黙が続いた。その時、言葉を控えていた片倉小十郎景綱が、手のひらをひらひらさせながら、

「蝿と言うのは、追っても追ってもうるさいものでござる。わしも徹底抗戦に同意でござる」

「お、その方も賛成してくれるか」と成実が喜ぶのを押さえながら、景綱が言葉を継いだ。

【猿冠者】秀吉を侮蔑した言い回し

【趨勢】成り行き

「それがしは、徹底抗戦の備えを十分にした上で、御屋形《おやかた》様が小田原に行くのがよろしいかと思いまする」

「備えとはどういうことじゃ」とそれまで聞いているだけだった政宗が口を開いた。

「御屋形様が小田原へ参上されれば、危険が二つございます。その両方に備えをしてから、ご出発すべきではないか」と。

政宗は黙って聞いていたが、続けろとばかりあごをしゃくった。

「まず一つは、御屋形様が、秀吉公のお怒りを受け、斬られ兼ねないということでございます。万一、そうなった時の為に、伊達の血筋を残すことが肝要かと。また、御屋形様が城を長期に離れると言うことになれば、内内で御《お》家《いえ》を乗っ取ろうとする者が出てくる可能性がございまする。そうならないように、今のうちに、その芽を摘み取っておくことが肝要かと」

一同、その言葉の重大さと難しさに声を発する者がない。

政宗には、まだ嫡子がなく、もし政宗が亡き者になってしまったら、跡取りは同腹弟小次郎十三歳のみである。ところが、藩中では、ひそかに山形の最上義光が、自分の妹である政宗の母親義姫をそそのかし、小次郎を立てて、御家乗っ取りをはかろうとしているという噂がささやかれていた。お家騒動の禍根を断ち切るためには、弟小次郎を亡き者にするのが一番である。しか

【御屋形様】屋形号を許された大名に対する敬称

し、それでは政宗に何かがあった場合の血筋が絶えてしまう。

目をつぶって、しばし考えていた政宗が口を開いた。

「わかった。小次郎には死んでもらう」

一同その言葉に驚き、政宗の次の言葉を待った。

「小次郎を殺したことにして、ひそかに俗世から去ってもらおう。それは言わば、武士にとっては死も同じ。わしに何かあった場合は還俗《げんぞく》させれば良い。わしが戻ることができたならば、小次郎を二度とはこの城に迎えぬ。さらに弟を始末して、出陣してきたことにすれば、秀吉も、わしの覚悟を知り、おいそれとは手出しせまい。小十郎、母者《ははじゃ》と小次郎の守役《もりやく》小原縫殿助《ぬいのすけ》にうまく言い含めよ。彼らが、小次郎は殺されたと顔色を変えなければ、世間を欺くことなどできない。すでに入り込んでおるだろう秀吉の間者《かんじゃ》に信じてもらわねば」

片倉小十郎、

「は、しかと承りました」と答えたものの、事の難しさに、唇をかみしめた。

そうして一か月後の四月五日、母義姫の西の館で、事件が起きた。

母義姫が政宗を亡き者にし、溺愛する小次郎を跡継ぎにしようと、政宗の膳に毒をもった。政宗は異変を感じ、急ぎ自分の館に帰り、毒消しを飲み、事なきをえた。二日後の四月七日、溺愛する小次郎が手打ちにされたことを

【俗世】　一般の世の中
【還俗】　出家した者が再び俗世に戻ること
【守役】　守をする役
【間者】　密偵
【しかと】　確かに

知った母義姫は、その夜のうちに、兄である最上義光の山形城のもとに遁走した。

小次郎の手打ちはこのように行われたという。

四月七日、何も知らない弟小次郎は、政宗に呼び出された。

「竺丸《じくまる》よ」と幼名で呼びかけた政宗、

「一昨日、母者が毒を盛り、拙者を亡き者にしようとはかりおった。かわいがっているお主をこの伊達の当主にするためじゃ。憎いとは言え、母者を殺すわけにはいかない。しかし、わしが小田原に行っている間に、同じようなことが起きぬよう禍根は絶たねばならぬ。わかるか」

突然の兄からの言葉に、顔面蒼白。「はい」と小さく返事するのみ。

「言い残すことはないか」

「幼かったときに、兄上に抱かれて馬に乗ったことが忘れられませぬ」と平伏する。

政宗は、側にあった鎺《はばき》國行二尺三寸を引き寄せると、「えい」と小次郎の首筋を斬りつけた。

「うっ」という声とともに、その場に打ち伏す小次郎。峰打ちだとは聞いていたものの、その迫力に、守役の小原縫殿助は腰を浮かした。

「縫殿助、小次郎は死んだのだ。わかったな。お前の命は小次郎と共にある

【遁走】逃げ走ること

【鎺國行】刀の銘

【峰打ち】刃の峰の方で打つこと

もの。この後の始末は小十郎の手配に従え」

立ち上がった政宗の頬には滂沱《ぼうだ》の涙。それは二度と会うことはないだろう弟への哀惜の涙であった。

この、母の義姫が政宗に毒をもり、失敗し、実家へ逃亡したという話と、それに関連し、弟小次郎が手打ちにされたという話は、ひそかにご城下に広まった。その噂を証明するかのように、これ以降、義姫の姿と小次郎の姿を見たものは誰もいなかった。

しかし、真相はこうであった。母義姫は、政宗と図って、騒ぎを起こし、さらに事の信憑性を高めるために、実家に逃げ帰ったようにふるまったのだった。溺愛する小次郎を殺さないためにも、また伊達家が存続するためにも最良の策と了解しての行動だった。それを裏付けるかのように、この後も、政宗と身を隠した義姫の手紙のやり取りは続く。一方、小次郎は、守役小原縫殿助に伴われ、ひそかに政宗の居城のあった米沢にある真言宗龍宝寺に入り、剃髪《ていはつ》出家。その後、真言宗の総本山である奈良長谷寺《はせでら》にて修行することとなった。小原縫殿助は、網代笠《あじろがさ》を目深にかぶった小次郎改め秀雄となった主君を、出羽と越後の国境、堀切峠まで見送った。その二か月後、小原の姿は仙台領本吉郡《もとよしごおり》横山の舎那山長谷寺《ちょうこくじ》にあった。

真新しい塚を前に、正座した小原縫殿助の表情は晴れ晴れとしていた。今、

【滂沱】涙がとどめなく流れる様

【剃髪出家】頭を丸めて僧になること

【網代笠】竹などを交差させながら編んだ笠

目の前の塚に埋められた遺骸は、名も知れぬ、行き倒れになった者。小原はそれを政宗に斬られた小次郎の遺骸と称し、持ち込んだもの。

「小次郎様、それがし喜んで腹を切りまする。拙者がここで腹をかっ切れば、人々は小次郎様のために守役が殉死したと思うはず。さすれば、もはや誰も小次郎様が存命とは思わぬことでございましょう。我が命、守役を仰せつかった時より、小次郎様のためのもの。それがしの死が、お役に立つならばまさに本望でござる」

縫殿助は「えいっ」と見事、腹掻き切ってこと果てた。

ここに小次郎の死を疑う者はいなくなった。片倉小十郎の進言を受けた政宗の思い切った策略はあたった。

一方、政宗は小田原への参陣に、はなはだしく遅れ、一端は秀吉の不興を買った。しかし、弟を殺してまで出陣した政宗の覚悟を見た秀吉は、政宗を斬らずに、政宗が切り取った奥羽三十六郡のうち、会津、岩瀬、安積の領地を返上させるに留めた。

その後の政宗の行動は、史書に記されたとおり。一揆を陰で煽動し、領地の拡張を図り、再び秀吉の怒りに触れたり、家康の百万石のお墨付きのもと、関ケ原の合戦で、家康に与《くみ》したりする。それらの行動は全て、失地回復のための行動であった。同時に、隙があれば、天下取りに名乗りをあげようとい

【殉死】 主人の後を追って死ぬこと

【不興を買う】 目上の人の機嫌を損ねること

【煽動】 煽りたてること

【お墨付き】 約束

【与する】 味方する

う政宗の野望がなせる行動でもあった。家康が江戸に幕府を構えてからも、政宗の秘めた野望は、おき火のごとくくすぶり続けた。娘を嫁がせた家康六男忠輝の後見人として、虎視眈々と情勢を伺うも、その気配を恐れた幕府によって、忠輝は改易されてしまう。その後も家臣の支倉常長を遠くローマへ派遣し、独自に海外との貿易網を築こうと画策したりする。

しかし、徳川の体制は。政宗の予想を越えて盤石なものとなっていった。家康亡き後も、二代将軍秀忠は不穏な大名を次々と改易し、その権勢は揺るがざるものとなって行った。

元和《げんな》八年八月八日、政宗は鮎釣りのため、武蔵府中の多摩川に向かった。鮎を求めて多摩川をさかのぼること二里あまり、釣果《ちょうか》は上々。政宗は昼餉《ひるげ》をとるため、秋留郷金色山《あきるきょうこんじきざん》大悲願寺に行くよう小姓に命じた。大悲願寺は一一九二年創建と伝えられる、この周辺きっての真言宗の古刹《こさつ》である。

小姓が政宗の来訪を伝えると、寺では、すでに政宗の訪問を予期していたかの如く、至れり尽くせりの接待。政宗は本堂にて、寺の住職海誉上人と向かい合った。

「ようこそお訪ね下さいました」と上人。

「やっと訪ねることができる日が参りました」と丁寧にあいさつする政宗。

初めて顔を合わせたとは思われない、親し気な言葉がいくつか交わされた

【おき火】
燃えて赤くなった炭や薪

【虎視眈々】
すきがあればつけ入ろうとする様

【改易】
領地などを没収すること

【盤石】
堅固で動じないこと

【古刹】
由緒ある古い寺

後、

「これはこれは、私としたことが、無駄話に時を過ごしてしまいました。早速、お連れ申しましょう」と座を立った。

ややあって、政宗の後方の襖が開いた。そこに平伏していたのは年のころ四十を越したかと思われる法師。

「秀雄めでござります」心なしか肩が震えている。

「息災《そくさい》で何より。顔を、顔を見せてくれ」と政宗。

顔をあげた秀雄の目は真っ赤である。

「これ、僧侶たるもの、泣くのはおかしいではないか」と声をかける政宗の目からも涙があふれる。

「長き間、我が身を明かさず、念仏三昧の日々、誠にご苦労であった。そなたがこのようにあったればこそ、わしも後顧の憂いなく、この乱世を渡ってくることができた。まさにそなたあっての政宗。世継ぎ忠宗も元服し、伊達家も安泰じゃ。これまた、そなたあっての伊達家。ここに御礼申し上げる」と政宗が両手をつこうとするのを、慌てて膝行《しっこう》した秀雄がその手を押さえた。

「兄上、過分な言葉痛み入ります。今、全てが晴れた思い。出家した身でありながら、小次郎という身を捨てきれないときもあり申しましたが、今こそ『秀雄』になりきり申した。この後は一人の僧侶として、伊達家の安寧を祈

【息災】　達者なこと

【膝行】　膝をついたまま前進すること

【安寧】　世の中が穏やかなこと

願申し上げまする」

「竺よ」「兄上」

二十数年の時を経て、たった一人の兄と弟はひっしと抱き合った。

はっと我に返った政宗。座りなおすと、

「母者は、ゆえあって実家の山形の城におはすも、達者のご様子。そなたの身は折に触れ、案じているようじゃ。大きな声では言えぬが、実家の最上家はお取りつぶしになるという。これを機会に、母者には仙台にお戻りいただこうと考えている。それにつけても、そなたと関わりのあるものを、母者に見せてあげたいものじゃ。今は、あまりの感激でいい思案も浮かばぬ。後日、文にて伝え申すゆえ、よしなにとりはからってくれ」

「承知申し上げました」と答える秀雄の姿は、先ほどまでとは違った、凛とした高僧の姿であった。

後日、「白萩を所望」と伝えられた秀雄が、早速、政宗のもとに贈り届けたのは言うまでもない。

その贈られた白萩は、仙台に運ばれ、母義姫が住まうこととなる政宗の別邸に植えこまれた。しかし、すでにその年の花は散り、翌年の開花を待たずに義姫は、元和九年七月十六日、この世を去ることとなる。

政宗の弟、小次郎の秘話を伝える「白萩文書」。その文書が伝わる大悲願

【よしなに】

良いようにの意

【凛と】

態度や姿などがりりしくすっきりしている様

寺の「金色山過去帳」には、秀雄が没した寛永十九年七月二十六日の条に、「法印秀雄、俗生《ぞくせい》は伊達大膳太夫《だいぜんだゆう》照宗之二男、陸奥守政宗ノ舎弟《しゃてい》也」と記されている。

みちのくに　白萩咲きし　見る人ぞ

秘めにし思い　知りもせぬまま

あきる野市大悲願寺に伝わる「白萩文書」を元にいたしました、新たな「小次郎伝説」、「仙台白萩異聞《いぶん》」の一席。

【過去帳】　寺にある檀徒の実名や死亡月日などを記した帳簿

【俗生】　出家前の姿

【大膳大夫照宗】　伊達家十六代当主輝宗のこと。政宗の父に当たる

【異聞】　変わった噂

コラム⑤

コラム⑤　【伊達治家記録】

伊達家で編纂された仙台藩の正史で、藩祖伊達政宗の父である輝宗から十三代藩主伊達慶邦までの記録の総称。四代藩主伊達綱村によって作成が開始されており、輝宗（性山公）、初代政宗（貞山公）、二代忠宗（義山公）の記録は、十八世紀初頭に、残された文書を元に書かれている。

『伊達治家記録』の「貞山公記録」巻之十三、天正十八年四月七日の記録に、「小次郎誅殺」について記載されている。

公御弟小次郎殿ヲ殺シ給フ。一昨日御西館ニ於テ毒殺謀ル。何者ノ所為ナリト糺察セラル。御母公ノ命ナル由ヲ白状ス。是小次郎殿ヲ御家督ニ立給フベキ御謀ナリト云々。公御憤リ甚シ。御母公ノ事ハ兎角ニ計ヒ給フベキ様ナシト仰セラレ、小次郎殿ヲ御前へ呼ビ給ヒテ御扇ヲ遣サレ、即チ御手撃ニ為給フト云フ。

☆史跡案内

①金色山大悲願寺山門

②大悲願寺境内の白萩

（①②の画像とも「東京チカーバ」提供）

③伊達小次郎の墓

④小原縫殿助の墓

〈所在地〉
①②　東京都あきる野市横沢百三十四
③④　宮城県登米市津山町横山字久保百六十三番地

六、風雲《ふううん》、楽天城《らくてんじょう》の戦《たたか》い

☆伝説の二〇一三年、日本シリーズ第七戦
二〇一三年、東北楽天ゴールデンイーグルスは球団創設九年目にして、パリーグと日本シリーズを制し、常勝球団になるかと思われた。が、その後十年間、優勝争いにからむこともできないでいる。今やファンにとっては、あの二〇一三年の優勝は伝説と化している。

時は平成二十五年癸巳年《みずのとみどし》十一月二日。古歌にも「宮城野の本《もと》あらの小萩《こはぎ》」と詠まれた奥州仙台領宮城野原。折しも、冬立つ日の頃おいとて、白銀《はくぎん》染まる蔵王連山から吹き降ろす風は、うつつの夢を覚ますがごとく、そびえたつ楽天城に吹き付ける。

そこに攻め来たるはセリグ国の覇者、総大将原相模守辰之進《はらさがみのかみたつのしん》率いる巨人軍。漆黒《しっこく》の兜《かぶと》に、ＹとＧを重ねあしらった金の前立て輝かせ、得物得物を飾り立て、パリグ国の覇者である楽天軍を一気に蹴散らし、日《ひ》の本《もと》一の称号を手に

【癸巳年】陰陽五行説に基づいた歴法による呼び名
【うつつ】現実
【前立て】兜の前面につける飾り物

入れんと攻め込んできた。

楽天城で迎え撃つは、闘将として知らぬ者ない星野備中守仙之助《ほしのびっちゅうのかみせんのすけ》、かつては尾張国中日城、摂津国阪神城の主《あるじ》として、弱兵を鍛えに鍛え、三度、天下を取らんと兵を繰り出すも、奮戦むなしく敗れた悲運の将。

すでに齢《よわい》六十を越え、鉄兜の下は白銀を植えたるがごとし。しかし眼光鋭く、采配振るう姿は、いささかの衰えも見えず。

むべなるかな、四度目となる天下分け目の合戦は、これまでとは違い、相手は星野にとって怨敵巨人軍。若き日に、巨人軍の召し抱えならず、「いつの日か自分が天下を取って見返してやる」と誓った相手。敵に不足はない。

すでに戦いは六日目。楽天軍は一気に決着をつけるべく、無敵と謳《うた》われた若武者田中左衛門尉将大《たなかさえもんのじょうまさひろ》を押し立て勝負に出たが、まさかの敗退。先制攻撃をしかけ、有利に進んでいた合戦。南蛮国から流れてきた、漆黒の肌を持つ呂平須何某《ロペスなにがし》の大筒《おおづつ》に、田中の体勢が崩された。それを好機と降りかかる巨人軍の弓・鉄砲。最後まで踏ん張り続けたさしもの田中も、ついに撤退。

かろうじて城に戻った田中の姿を見て、人々驚いた。顔面蒼白、立っているのが不思議なくらい。受けた矢数《やかず》は十二本。悔しさと痛みに目はつりあがり、かみしめた唇からは、したたる血潮。

それを見た大将星野。

【大筒】　大砲のこと

「あっぱれ、そちのこの日の姿、忘れはせぬぞ。余は満足じゃ。もはや巨人軍に破れたとしても悔いはない。余は幸せじゃ」

城中の武者たちからすすり泣きの声が漏れた。

そのとき、突然、踊りだした男が三人。

「おれたち、真っ黒、黒、黒、どろんこ三兄弟。いつも大将に怒鳴られて、泥と汗にまみれても、いつか名前を残そうと、今日も白木《しらき》の棒を振る」

軽輩者ながら、大将星野にかわいがられていた桝田慎太郎《ますだしんたろう》、赤見内銀次《あかみないぎんじ》、阿部俊人《あべとしひと》の三人が、こしあんの色のような陣羽織のまま歌いながら飛び跳ねた。

あっけにとられている星野に向かって、赤見内銀次がたんかを切った。

「大将、何が悔いがないじゃ、何が幸せだ、笑わせんじゃないよ。似合わねえよ。ほんとは違うでしょ、勝ちたいでしょ。巨人軍に。そのため、まだ大将やってるんでしょ。俺たちどうなったっていいんだ。明日、肩を壊し、腕が折れ、来年暇を出されても構わねえ。もう一度、もう一度勝負しようじゃねえか」

「うおっ」とあがる男たちの声。

目を吊り上げ、立ち上がった星野。

「よくぞ申した。それでこそ我が楽天軍。これを最後と覚悟せい、明日の手配りを申す」

【軽輩】
地位、身分の低いもの

【陣羽織】
武士が陣中で身に着けた鎧の上につけた胴着

【たんかを切る】
胸のすくような口調でまくしたてる

【暇を出す】
雇用の契約を絶つこと

「一番隊は岡島、藤田、銀次の徒歩《かち》組。弓鉄砲で相手をかき乱せ。二番隊は除音頭《ジョーンズ》、魔鬼《マギー》、南蛮筒《なんばんづつ》を用意せよ。中島俊哉《なかじまとしや》はその後詰めじゃ。俊哉よ、青《あお》波《なみ》城を追い出されたうらみを晴らし、華々しく名を挙げよ。三番隊は松井《まつい》稼《か》家《ず》央《お》、嶋基宏《しまもとひろ》、牧田明久《まきたあきひさ》。百戦錬磨の稼家央よ、飛んでくる弓・鉄砲を蹴散らすのだぞ。嶋よ、あの日の言葉忘れるな。『見せましょう底力《そこぢから》を』だ。牧田よ、ついにこの日が来た。お取りつぶしとなった近鉄藩の生き残りとして名を残せ。城の守りは美馬学之進《みままなぶのしん》に任せる。則本は次に控えよ。倒れる者あらば、次々つぎ込むゆえ、投手組は全員配置につくのだ」

おーおーおーの鬨《とき》の声。

翌朝、城の守りを見回っていた、投手組奉行の森山は驚いた。昨夜、満身創痍《そうい》で城に戻ってきた田中将大が起き上ろうとしている。

「動けるのか」

「動けます」と田中が静かにうなずいた。

その報告を聞いた大将星野仙之助。

「武者控えに控えさせておけ」と答えたものの、今日の戦に送り出すつもりはなかった。日の本一の武者をここでつぶすことはできない。しかし、やつが控えていることを朋輩《ほうばい》の者たちが知れば、勇気百倍。また、敵も田中が戦えると知れば、焦りが出てくるはずだ。何といっても、合戦二十四連勝の男だ。

【徒歩組】　歩兵部隊

【後詰め】
後に控える兵

【朋輩】
同じ主君に仕える同僚

勝負所で彼が姿を見せるだけでも良い。

時はいつなんめり、平成二十五年十一月三日、暮れの六つと申しますから、現在の時刻でいえば午後六時。楽天城に戦いを知らせる法螺《ほら》の音が響き渡った。

まず攻め立てたのは巨人軍。城のほころびを見逃さず一番槍長野久義《ちょうのひさよし》、続いて高橋由伸《たかはしよしのぶ》、さらに村田修一《むらたしゅういち》と突っ込んでくる。攻め入らんとするも、美馬学之進が踏ん張り、敵を追い返す。代わって楽天軍が攻め返す。銀次が弾《たま》に当たりながらも前に出たところへ、突っ込んでいったのが南蛮筒を抱えし除音頭。身の丈七尺。東大寺山門の金剛力士像のごとき分厚い胸と腕。その腕に抱えられし大筒から撃たれた砲弾は、あやまたず立ちはだかった巨人軍の杉内筑紫守《つくしのかみ》をぐらつかせた。楽天軍、一歩前進する。対する巨人軍は昨日活躍した呂平須《ロペス》何某が攻め入るも、昨日と違い短筒《たんづつ》を打つことしかできずに撤退。楽天軍は勢いに乗り、再び攻め込んだ。必死に防ぐ巨人軍の杉内。二人を打ち取りホッとしたところに、一撃、打ち込んだのは一番組の岡島豪郎《たけろう》、前方にいた嶋基広が、クリムゾンレッドの陣羽織を翻し、走りに走ってさらに前進。気をよくした守りのかなめ美馬学之進は、寄せ来る巨人軍の攻撃を、ことごとくはね返していく。霧のような冷たく降る雨の中、ひたすら腕を振り続ける小兵《こひょう》の美馬学之進。それを助けたのが、今はなき近鉄藩の

【いつなんめり】

いつであろうかの意

【七尺】

約二メートル十センチ

生き残り牧田次郎左衛門明久。その大力《だいりき》で一発大筒を打ち込み、巨人軍の気力をなえさせる。

ここで大将星野は守りの最前線にいた美馬学之進を引っ込め、則本太郎昂大《たかひろ》を送り出す。元服したての若武者ではあるが、今年の初陣から先駆けとして、期待に違わぬ、あっぱれ武者ぶりを示した、利《き》かん気《き》の偉丈夫《いじょうふ》。寄せ来る敵を自慢の強弓《ごうきゅう》で次々と射落としていく。

夜はしんしんとふけ、降りしきる雨はかがり火に映じ、得も言われぬ風情あり。

そのとき、武者控えで田中をもみ治療していた針灸師《しんきゅうし》星検校《けんぎょう》は驚いた。昨日、孤軍奮闘戦い続けた田中の肘や肩の筋肉が、柔らかくほぐれている。いつでも戦場に駆け出す態勢になっている。星検校は、奉行の森山を見上げていった。

「一時《いっとき》ならば行けます」

森山は田中に聞いた。

「おまえ行けるのか」

「行かせてください」

田中将大は静かに立ち上がった。その目は昨日、猛攻を受け、手ひどい傷を負って、城に引き上げた時の血走り、怒りにあふれた目ではなかった。見

【偉丈夫】
体が大きくたくましい男子

【検校】
江戸時代の鍼師、按摩などの最高位に対する呼び名

開かれた眼はどこまでも澄み、すべての邪念を振り払った高僧のごとき目であった。

　森山は思った。

「この男は感情を激して、我を忘れて突っ込もうとしているのではない。何かを悟り、それを見ている人々全てに伝えようとしている。勝ち負けだけではなく、もっと大きなもののために戦おうとしているのだ」

　森山は、大将星野仙之助に恐る恐る申し出た。

「田中が合戦に出たがっています」

「だめだだめだ、あいつをこの戦いで使い物にならなくさせるわけにはいかないのだ」と星野はかぶりを振った。

　ところが、本陣から武者控えを望むと、当の田中が身づくろいをし、今、まさに駆け出さんとしている。

　その姿を見て、星野の心は大きく揺らいだ。

「この日の本一を争う戦いまで、楽天軍をひっぱたのは、田中左衛門尉将大の力。パリグ国を制した西武軍との戦いでも、そのあと挑んできたロッテ軍を迎え撃った戦いでも、最後を決したのは田中のあっぱれがあったればこそ。ここもやはり田中で行くべきか。おれが田中だったらどうする」

　自分の若き日を思い出した星野に、もはや躊躇《ちゅうちょ》はなかった。

【本陣】総大将の居場所

星野は敵と渡り合っている先陣まで進み出て、声高らかに叫んだ。

「やあやあ、遠からん者は音にも聞け、近からん者は寄って見よ。楽天城の守護固めは田中左衛門尉将大。こたび合戦二十四戦無敗の強者《つわもの》。今日を最後と命をかける」

敵味方から「うおー」という地鳴りのような歓声。

城中の楽天軍は勇気百倍。箙《えびら》をたたいておめいたり。城外の巨人軍は「田中だ、田中だ、田中が来たぞ」と驚きたり。

そのどよめきの中、小走りで登場する田中将大。齢《よわい》二十五にして、楽天軍一のもののふ。身の丈六尺三寸。目方は二十五貫と申しますから、現在で言えば身長一メートル八十九センチ、体重九十二キロの偉丈夫。

その日の田中の出で立ち見てあれば、『楽』の字の立ちものついたクリムゾンレッドの尖《とが》り笠をかぶり、背には犬鷲を描いた陣羽織を羽織り、右手《めて》には二寸四分の白玉《しらたま》を握り、左手《ゆんで》には牛皮でできた手袋をつけ、まなじり吊り上げ、巨人軍の最後の攻撃に立ちはだかる。

まんずは元横浜藩の侍大将村田修一が攻めかかる。高禄で巨人軍に引き抜かれた剛力男《ごうりきおとこ》。期待に答え、田中の足元を揺るがす。続いて登場したのは田中と少年時代、道場で腕を競い合った坂本勇人《さかもとはやと》。今は敵、味方となって相対《あいたい》するとは、いかなる運命のいたずらか。しかし、田中は感傷におぼれず、坂

【箙】 矢を入れる道具

【もののふ】 武士

【立ちもの】 兜に付ける装飾具

【二寸四分】 約七・三センチ

本を一合《ごう》、二合と押し込み、三合目で、はや切り倒す。三番手に登場したのは、南蛮人助っ人暴火《ボウカー》。真っ赤な鬼のような形相で臨むも、軽く田中にあしらわれる。もう一人。もう一人打ち取れば、休むことができる。その田中の心のスキを突いたのが、昨日、田中に大打撃をくらわした呂平須何某。長尺《ちょうじゃく》の棒を振り回し攻め込んでくる。巨人軍一気に逆襲のチャンス。そこへ現れし侍は矢野健次入道勝利《けんじにゅうどうかつとし》。巨人軍の総大将原辰之進、とっておきの切り札を登場させた。

「田中にはいつもの力はない。一振りで決めよ」と声をかける。

田中は大きく息をついた。あたりを見回せば、いつの間にか城の周囲には、近隣の村人が押し掛け、固唾《かたず》をのんで見守っている。松明《たいまつ》をたき、楽天軍の勝利を願って、涙を流して見守っている。むべなるかな、楽天城のある東北藩の人々は二年半前の大津波で打ちひしがれ、楽天軍の勝利に明日への希望を託していたのだ。

「そうだ、私は託されているのだ。だから戦うのだ。勝つ負けるは問題ではないのだ。私は、なんだかもっと恐ろしく大きいもののために戦っているのだ。いざ勝負、巨人軍の強者《つわもの》よ」

一合、二合、三合と渾身の力を込め、腕を振り下ろす。その気迫に矢野健次入道が追い込まれる。星野をはじめとした城中の楽天軍の男たち、今、ま

【合】
斬り合いを数える単位

【長尺】
普通より長めのもの

【固唾を飲む】
この先どうなるのか心配しながら見守る様

さに戦場に駆け出さんと身を乗り出す。

　そうして四合目を振り下ろす。その一振りは、あやまたず矢野健次入道を、真っ向から切り裂いた。どっと崩れ落ちる矢野入道。こぶしを握り、吠える田中将大。

　時は平成二十五年十一月三日、午後九時五十分。ついに楽天軍は藩開闢《かいびゃく》九年目にして日の本一の称号を手に入れた。

　この後、田中将大はさらに大きなモノをもとめ、楽天軍を去り、海を渡り、旅立った。大将星野は翌年、体調を崩し楽天城を去り、平成三十年一月、すい臓がんでこの世を去った。

　時は移り、人は変われど、東北の、思いは一つ。

「負けねえぞ東北。楽天軍よ今一度」

【開闢】　始まり

コラム
⑥

コラム⑥　【東北楽天ゴールデンイーグルス年度別成績】

年度	監督	順位	勝利	敗北	引分	勝率
2005	田尾　安志	6	38	97	1	0.281
2006	野村　克也	6	47	85	4	0.356
2007	野村　克也	4	67	75	2	0.472
2008	野村　克也	5	65	76	3	0.461
2009	野村　克也	2	77	66	1	0.538
2010	M. ブラウン	6	62	79	3	0.44
2011	星野　仙一	5	66	71	7	0.482
2012	星野　仙一	4	67	67	10	0.5
2013	**星野　仙一**	**1**	**82**	**59**	**3**	**0.582**
2014	星野　仙一	6	64	80	0	0.444
2015	大久保博元	6	57	83	3	0.407
2016	梨田　昌孝	5	62	78	3	0.443
2017	梨田　昌孝	3	77	63	3	0.55
2018	梨田　昌孝	6	58	82	3	0.414
2019	平石　洋介	3	71	68	4	0.511
2020	三木　　肇	4	55	57	8	0.491
2021	石井　一久	3	66	62	15	0.516
2022	石井　一久	4	69	71	3	0.493
2023	石井　一久	4	57	60	1	0.487

※ 2023年成績は9月4日現在

【2013 年日本シリーズ第７戦オーダー】

巨人

⑨　長野
H9　亀井
⑧　松本哲
DH　髙橋由
②　阿部
⑤　村田
⑥　坂本
⑦　ボウカー
③　ロペス
④　寺内
H4　脇谷
H　矢野

P　杉内、沢村、内海、西村

楽天

⑨　岡島
④　藤田
③　銀次
DH　ジョーンズ
⑤　マギー
⑦　中島
8　聖沢
⑥　松井
②　嶋
87　牧田

P　美馬、則本、田中

☆史跡案内

①久米島にある優勝記念碑

（久米島商工観光課提供）

②楽天モバイルパーク宮城

③優勝セレモニー風景

（菊地　仁氏提供）

④優勝記念誌

〈所在地〉

① 沖縄県島尻郡久米島町字鳥島清水　久米島総合運動公園内

② 宮城県仙台市宮城野区宮城野二の十一の六

七、伊達《だて》の血筋《ちすじ》を守《まも》った男《おとこ》 大條道直《おおえだみちなお》

☆宮城県山元町にある茶室に伝わる伝説

この茶室は、言い伝えでは、仙台藩祖伊達政宗が豊臣秀吉から拝領したものと言われている。

なぜ、そのようなものが、この地にあるのか。そこには伊達家の血筋を守るために、命をかけて行動した男の物語がある。その男の名は、大條家十五代道直。今や人気絶頂のサンドウィッチマン伊達みきおさんのご先祖にあたる方。

生まれは寛政九年と申しますから、西暦一七九七年、仙台藩亘理郡《ごおり》坂元の領主大條道英《みちひで》の嫡男として生まれ、幼名を多門《たもん》と申しました。大條氏は、伊達の本家から分かれた名家。仙台藩の中においても、伊達御一家《ごいっけ》として、代々重臣として仕えてきた。その性、剛毅にして明断果決。意志強固でくじけず、難題に対しても、思い切った決断が下せる人物として、幼少より衆目を集め、

【伊達御一家】
伊達家の古くからの家臣や、古くに分かれた分家で、戦国時代に各地の領主であった家柄

文政九年、二十九歳の若さで、藩の若年寄に任じられた。

文政十年、伊達家十一代藩主斉義《なりよし》公が三十歳の若さで急死。夫人の芝姫《あつひめ》はいまだ数えの十三歳。当然、子はなく、藩の跡目問題が沸き起こった。

そのような時、幕府老中水野忠邦から、伊達家のしかるべき者、江戸へ参上するようにとの沙汰があった。そこで選ばれたのが若年寄の大條道直。この時三十歳。

頃は文政十年十二月。江戸城西丸下《した》にある水野忠邦の屋敷。座敷にて平伏すること一刻。襖が開き、老中水野忠邦が現れた。

「面《おもて》をあげい」

「この度、急なお呼び立てを頂き、江戸へ参内いたしました伊達家若年寄大條道直でござりまする」

「遠い所大儀である。本日、罷《まか》り出てもらったのは他でもない。御当家藩主斉義公の跡継ぎの事じゃ。御当家でもいろいろと思案もござろうが、どうじゃろう、残された芝姫殿に婿を迎えてみては」

「何と」

「驚くのは無理がない。しかし聞くところによると、芝姫殿は未だ数えの十三歳。まだ斉義公のお手もついてなかったというではないか」

「は、そのとおりではございますが、一体どなたを婿とお考えになられてお

【文政九年】西暦一八二六年

【若年寄】奉行（他藩の家老職）の補佐役

るのでござりまするか」

「うむ、将軍家斉《いえなり》公の側室お蝶の方がお産みになった、十男虎千代殿じゃ。年は十八。似合いではないか。一端、斉義公の養子としていれ、そのあと縁組すれば良い。何といっても伊達は徳川家にとって大事な存在。徳川の血が伊達に入れれば、その関係は一層強固なものになるはず。また、将軍家から養子を迎え入れた場合、幕府から多大な拝借金が下し置かれる。伊達にとっても悪い話ではないと思うが」

「ははあ、誠に痛み入るばかりの御配慮。道直、伊達のご本家に代わり、御礼申し上げまする。なれど、事はあまりに重大でありますので、まずは、この話を仙台に持ち帰り、御一門の方々にご報告申し上げたいと思いまする」

「それは是も非もないことだ。貴公の方からうまくまとまるよう申し上げてくれ。吉報を待つぞ」

「かしこまりましてござりまする」

翌日、道直は慌ただしく江戸を立った。

江戸下り、千住《せんじゅ》の馬のいさましく、草加《そうか》と聞けばじきに越谷《こしがや》。春日部《かすかべ》に富士と筑波を歌いつつ、杉戸も幸手《さって》、栗橋の土手。

馬を飛ばしに飛ばし、三日目、少し早い時間であったが、陸奥国伊達郡《ごおり》藤田宿に宿を求めた。


【御一門】

伊達家において最上位の家格の者をさし、藩政に対して大きな発言力を持った

【千住〜栗橋の土手】

奥州街道下り道中歌。道中歌は旅の行程を地名を詠み込みながら七五調で詠んだ歌。掛詞が多用され、ここでは草加、越谷、幸手の地名が掛詞になっている

【伊達郡藤田宿】

福島県伊達郡国見町藤田

「いや、ここまで来れば、仙台領までもあとわずか。急ぐこともあるまい。何と言ってもこの地は伊達家発祥の地。また我が大條家もこの地のすぐ隣の梁川《やながわ》の大枝《おおえだ》から生じたと聞き伝えている土地じゃ。通りすぎるわけにはいくまい」

夕餉《ゆうげ》に出た酒で、すっかり気分の良くなった道直は、早々に行灯《あんどん》の明かりを落とし、床についた。

ほどなく眠りについた道直であったが、夢にうなされた。

やたらガタイのいい二人の男が大きな箱の中で何かをしゃべっている。「まんざい」とか言うもののようだ。若殿役と思われる男は、紅毛人のような金髪、眼鏡をかけて、「伊達」と名乗っている。はて「伊達」とは御一門であろうか。御付きの爺役と思われる男は悪人面だが、笑うと目じりが下がり愛敬がある。富沢何某《なにがし》という名であるらしい。

若殿役と思われる男がしゃべりはじめた。

「今度、拙者、仙台の婿に行くことになった」

「仙台の向こうと申しますと、南部藩でございますか」

「向こうじゃない。婿だ。婿さんだ」

「ムコサン、あー、あの美容と健康にいいというやつでございますな」

「それは酢酸《さくさん》じゃ」

【梁川】
福島県伊達市の地名

【ガタイ】
体格をさす隠語

【南部藩】
現在の岩手県中部から青森県東部を治めた藩

「へえ、それでなんで婿になるんでございます」

「バブルで破綻しそうな仙台藩の経営を立て直すためじゃ」

「パブで破談になったK・Aさんとやり直すんでございますか」

「どういう耳をしているんじゃ。経営の立て直しじゃ」

「それはご苦労を背負《しょ》いこみますな」

「ふふふ、表向きはな。実はだな、この度の婿入りの話はだな」

「えっ、本当でございますか」

「まだ何も言っておらん。先読みするでない」

「いやわかりますよ。結婚するからと言っておいて、その前に経費が必要だとか言って、お金をだまし取ろうとするんでございましょう」

「それは結婚詐欺と言うのじゃ。この時代にはまだない」

「もったいおつけにならないでお教え下され」

「ふふふ、ヒントを与えよう。××《ペケペケ》トリじゃ」

「わかった。ヤキトリ」

「違う」

「せきとり」

「違う」

「はっとり」

「近い」

「わかった、〇っとり。何とそのような恐ろしい策略でございましたか」

「ひっひっひっひ、爺、多言するではないぞ。聞いているかーひっひっひひい爺さーん。だまされんじゃないぞー」

「はっ」と道直は目を覚ました。総身に汗をびっしょりとかいている。

「なんだ、今の訳のわからん夢は。何かの暗示であろうか。最後に爺と思われる男が発した『〇っとり』というのが聞き取れなかったが。あれは何だ。話の流れからすると、良くない事。恐ろしい策略があるとな。最後に『爺さんだまされるな』と叫んでいたが、あれはわしに向かって叫んでいたような。面妖《めんよう》じゃや。まだ爺と呼ばれる年でもなし。しかし、あの男、伊達を名乗っていた。この宿《しゅく》は伊達発祥の地。もしやご先祖様でも現れたのでは。だとすれば、たかが夢と捨て置くこともできぬ」

　翌日、仙台領に足を踏み入れた道直、馬上にて何度も昨夜の夢を反芻《はんすう》した。

「あれは、もしや、のっとりと言ったのではないだろうか。婿に入り、伊達の姓を名乗るとは言え、心が『徳川』のままであったら、伊達は徳川にいいように扱われるのは必定。この話、乗ってしまっていいものか」

　中田、長町の宿を抜け、ご城下が見えるころには、道直の心は決まった。

　翌日、城に登った道直は、本丸大広間にて、御一門の方々に事の次第を報

【面妖】　奇怪なこと

告した。

「何と、それは吉報じゃ。願ってもないことじゃ」

「これでお家安泰だけじゃなく、ひっ迫している藩財政も立て直すことができる」

「徳川とのつながりが強固になれば、今までのようなしばしばの普請奉行《ふしんぶぎょう》を仰せつかることもなくなるだろう」

広間はぱっと明るさにつつまれ、「良かった良かった」の声が飛び交う。

「道直、ご苦労じゃった。ゆっくり休むが良い」と長老格の水沢伊達家の当主、村福《むらやす》が声をかけた。

ところが、道直は額を畳に付けけんばかりに平伏している。

「これ、どうした」

「僭越《せんえつ》ながら若輩の身で一言申し上げます。それがし、この度の話、お断り申し上げるべきではと考えまする」

「何と。何を言い出す、徳川将軍様のお子様を婿にお迎えすれば、伊達の地位は一段とあがる。それだけではない。今後、何かと幕府からのご支援も期待できる。良いことづくめではないか」

「お待ちくだされ。確かに寄らば大樹の陰と申しますが、万一、大樹が倒れるようなことがあれば、その樹下にある木々は、根こそぎ倒れることになっ

【普請奉行】幕府の命を受け、城壁、堤防などの修理・建造をつかさどる役
【水沢伊達家】伊達家の分家。御一門の一つ

てしまいまする」

「道直、お主、何を言っておるのか分かっておるのか。恐れ多くも徳川家が倒れるなどとは」

「いや、倒れるとは言っておりませぬ。しかし、頼朝公以来の幕府政治も源から足利、戦国を経て、徳川へと移り変わってきたもの。諸行無常のこの世、永遠のものはありませぬ。特に、近頃は異国の船が、しばしば我が国の周辺を脅かし、国内にても各地で一揆が続いておりまする。幕府もそれらの対応に追われているご様子。そのような時期に、あえて、緊密な関係を結ぶのはいかがかと思いまする」

「ええい、黙れ、黙れ、我が国は神国。異国船など一蹴《いっしゅう》するわい。また、百姓、町人がいかに騒げど、武士の政権が揺らぐようなことはないわい」

「それではもう一つ申し上げます。芝姫様は、いまだご寵愛を受けてないとは言え、斉義公の奥方。将軍家斉公のご子息は、斉義公の養子として入るのでございますから、芝姫様は母にあたるのではございませんか。さすれば、母を奪って妻とするという不義不貞を世に示すことになりまする。げに禽獣《きんじゅう》に等しき行為。そのようなこと見逃すわけにはいきませぬ」

一同、その言葉にはっとした。確かにそのとおり。まだご寵愛を受けてないなどということは、下々の者が察するところではない。ただ養子に入った

【禽獣】　鳥と獣

徳川の御曹司が、亡き殿の夫人を奪ったと思うのは必定。

「道直、そちの言うこと、誠に一理ある。しかし、お主も、この話、喜んで受けて参ったではないか。それを断った暁には、ただではすまぬのでは」

「は、それは重々《じゅうじゅう》覚悟の上でござる。ご老中の不興を買ったならば、その責は、一切、我が身に受け、腹掻っ切る覚悟でござる」

「よくぞ申した。しかと頼むぞ」

その評定が終わった三日後、道直は再び江戸へ向かった。

長町や中田増田もはや過ぎて、もの岩沼《言わぬま》に槻ノ木《つきのき》の土手。船迫《ふなさこ》越ゆる荷物に大河原《おおわらわ》、さけた財布も重い金ケ瀬《かねがせ》。宮《みや》で飲む酒は白石・斎川の、水をも入れず越河《漉すごう》の関。

仙台領の国境《くにざかい》まで来た道直、振り返り、二度と見ることはないだろう故郷に向かって合掌した。

頃は文政十一年旧暦の二月の末と申しますから、現在で言えば三月の末、道直は、ほころび始めた桜に目もくれず、水野忠邦の屋敷の門をくぐった。

その日の道直の出で立ち見てあれば、白無地の小袖に、沢瀉《おもだか》の紋入ったる浅黄色の裃《かみしも》、腰には大條家重代、波切《なみきり》と号の入ったる九寸の短刀。冴え冴えとした眼光を座上の主に放っていた。

対面した水野忠邦。


【長町や～越河の関】奥州街道上り道中歌。岩沼、大河原、金ケ瀬、越河の地名が掛詞になっている

【沢瀉の紋】

「大條殿、訳をきかせていただこう」

道直の浅黄の裃姿を見た忠邦は、すでに、その答えを察し、いささか不機嫌の体《てい》。

平伏したままの道直、

「この度、ご老中様より、伊達家の行く末についてご配慮賜わり、誠に御礼申し上げまする。そのことにつきまして、仙台に立ち返り、御一門、ご奉行の方々と協議いたしました結果、『否《いな》』との結論に達しました。ご老中にかれまして、いささか御不審かつ御不快のことと思われますが、平にご容赦いただきとうござる」

「ええい、前口上はいらぬ。訳を述べよ」

「しからば申し上げまする。我が国は、古来、儒学を重んじ、その心を大切にして政《まつりごと》をなしてまいりました。その柱は人の倫《みち》でございます。その倫から外れることは義を欠き、礼を失することになるのではありませんでしょうか。亡き斉義公の奥方の芝姫様に婿をと申されますが、婿様は斉義公のご養子としてお入りになる方。さすれば、婿様にとっては芝姫様は母に当たる方。世に、母と子が夫婦の契りを結ぶなどと言うことが許されますでしょうか。まさに禽獣にも劣る行為ではございませぬか。伊達はご老中、ご推察のとおり、藩の経済はひっ迫しております。しかし、いかに窮せど、人の倫ははずすま

【浅黄色の裃】

切腹の際の正装

【奉行】

他藩における家老職をさす

【人の倫】

人として守り、行うべき道や倫理

じというのが、伊達家一同の考えでござる。ご容赦いただきたい。なお、ご老中からお役目いただきながら、果たすことができなかったのは、ひとえにそれがしの不手際　この腹、掻き切ってお詫び申し上げまする」

そう言うと道直は、肩衣《かたぎぬ》を跳ね上げ、右から肌脱ぎとなり、左手で短刀を抜き取り、右手に持ち替え、左手で腹をさすりながら、持ち替えた刀で突き刺さんとする。

「待てい」と水野忠邦の鋭い声が飛んだ。

一瞬の間があり、忠邦の哄笑《こうしょう》が部屋に響きわたった。

「さすがは伊達の家臣じゃ。その若さでその気骨。とくと見せてもらった。そちの気迫に免じ、この度の話はなかったことにする。もう良い。下がられい」

こうして、徳川からの養子の話は立ち消えとなり、伊達家では登米《とめ》伊達家より斉義の従弟《いとこ》にあたる幸五郎《こうごろう》を嗣子《しし》として迎え入れた。これが十二代藩主となった伊達斉邦《なりくに》公である。

四年後の天保三年、道直は、藩主となった斉邦に、この時の褒美を問われ、秀吉から拝領と言われる仙台城本丸にあった茶室を所望し、拝領した。

茶室は当初は、大條家の仙台屋敷である川内《かわうち》にあったとされるが、歴史の荒波に翻弄されながら移転を繰り返し、現在は、大條家ゆかりの地である山元町坂元、蓑首《みのくび》城跡にひっそりと建っている。


【肩衣】江戸時代の武士が小袖の上に着用した袖なしの上着

【哄笑】大口を開けて笑うこと

【登米伊達家】伊達家の分家。御一門の一つ

【嗣子】跡継ぎ

【天保三年】西暦一八三二年

「伊達の血筋を守った男、大條道直」の一席、読み終わりといたします。
——

コラム⑦

コラム⑦　【茶室の由来について】

明治二十五年出版の、岡千仞著『仙台志料』には、秀吉が文禄年間、伏見城天守閣下に、四つの茶室を作り、一つは自分のものとし、ほかの三つを、徳川家康、前田利家、伊達政宗の三人に分け与えたことが紹介されている。現在、山元町に現存する茶室は、代々、そのとき拝領されたものと伝えられている。しかし、その事実に関する文書資料は発見されておらず、また、茶室自体も、数度の移築、様々な改築・増築の経緯があり、桃山時代の遺構がそのまま伝えられているわけではない。が、建築史の専門家からは、「政宗以来の歴代藩主に重んじられた仙台藩における茶の湯文化・歴史の流れを伝える茶室として、文化財的価値は非常に高い」と評価されている。

二〇一一年の東日本大震災により、山元町は町の四割が浸水し、壊滅的な打撃を受け、茶室も大きなダメージを受けた。令和に入り、町の復興もようやくめどが立ち、茶室修復に向けて動き始めたが、小さな町ゆえ、財源が乏しく、令和五年、全国にクラウドファンディングによる寄付を呼びかけ、茶室修復へ向けて動き出している。

※寄贈、修復に関するお問い合わせは「宮城県山元町教育員会生涯学習課」へ

☆史跡案内

①道直が拝領した茶室（震災前）
※山元町教育委員会生涯学習課提供

②現在の茶室の状況
（破損が大きく板で囲ってある）

③大條家菩提寺光明山徳本寺

④大條道直位牌

〈所在地〉
①② 宮城県亘理郡山元町坂元字舘下 蓑首城跡
③④ 宮城県亘理郡山元町坂元字寺前十三

八、マタギの祖《そ》 磐司磐三郎伝《ばんじばんざぶろうでん》

☆磐司磐三郎伝説

磐司磐三郎《ばんじばんざぶろう》は、磐司と磐三郎という名を持つ二人の兄弟の狩人とも、磐司が姓という一人の狩人とも言われている。

磐司磐三郎にまつわる伝説は、仙台市秋保と山形市山寺にまたがる二口山塊を舞台として語り継がれている。その片鱗は栃木県より以北、奥羽山脈沿い、秋田岩手に及び、各地でさまざまな諸説が語られている。何れの説もおおむね共通しているのは、東北山岳民族の首長として伝説の舞台に登場し、狩を生業とする人々の英雄、あるいは山神として語り継がれているところにある。

（仙台市秋保・里センターのホームページより抜粋）

奥州二口山塊《ふたくちさんかい》。宮城県仙台市秋保《あきう》温泉の奥まった所、大東岳《だいとうだけ》、小東岳《しょうとうだけ》、糸岳といった千三百メートル級の山が連なっている。標高はそれほどではないが渓谷は深く、梯子滝《はしご》、大東大滝、白糸の滝など多くの滝と奇岩、絶壁が連なり、いまだ人を寄せ付けない沢も多くある。その中でも壮観なのは磐司岩《ばんじいわ》と呼ばれる、高さ百メートル余りの垂直な絶壁の連なりである。その名はマタギの祖と言われる磐司と磐三郎の兄弟にちなむ。遠い昔、彼らが狩をして回った場所だという。

時は九世紀の半ば、奥州の隅々までは仏の道が伝わっていなかった頃、そんな三月の終わり、二口山塊の峰から谷にかけて、いまだ一面の銀世界。しかし、確かな春の訪れ。時折、ゴーッドドドドと雪崩の音が尾根尾根にこだまする。やがて、むき出しになった山肌から一斉に、ウルイ、ベコノシタ、クマザサ、フクジュソウなどが萌え出ずる。

自然の摂理、熊は眠りから覚め、穴から這い出す。目方三十貫、後ろ足で立ち上がれば、身の丈五尺。胸にはくっきりと白い三日月。

「おい、いたぞ。ぬかんなよ」

「大丈夫だ、兄い」と近づいて参ったのは、獣の皮をかぶった屈強な体つきの兄弟。兄は磐司、十五歳。弟は磐三郎十三歳。まだ少年の面影を残しながらも、カモシカのごとき素早さで、獲物を追い、大猪《おおいのしし》を一突きでしとめるこの山随一の猟師。

熊が「あっ」と思った時にはもう遅い。

【マタギ】主に東北地方の山間部で、伝統的なしきたりを守りながら猟をする者、またはその集団

【摂理】自然界を支配している理法

【三十貫】約百十二キロ

【五尺】約百五十センチ

兄、磐司が、飛龍逆流波まくり、燕尾《えんび》の折りかけ飛鳥《ひちょう》のさんてん、前に現れ後ろに隠れ千変万化と槍を突き入れる。

一方、熊は、

「猪口才《ちょこざい》なこわっぱめ」と、押し出し突き出し上手投げ、外掛け打ちがけ突き落としと逆襲する。

それならばと、弟磐三郎がバックドロップに水平チョップ。ヘッドロックにまんじ固め、「ウー、クマった」と動きの止まった所へ、とどめの頭突きを食らわせた。

ひっくり返った熊の目の下には、大きなくま。こうして、二人きりで見事、大熊を仕留めた。

彼らは父の顔を知らない。物心ついたときには、村はずれの粗末な家で母親との三人暮らし。

村人たちは噂する。

「あの母ちゃんは都から来たんだとよ」

「おらの爺様の話では、あの女の亭主はマシラだとよ。何でも、都から落ちて来る途中、命を助けてもらうかわりに猿王の嫁っこになったんだとよ」

「んだからが、あのわっぱたち、母ちゃんと違って毛むくじゃらだもんな」

そんな村人の目が煩わしく、二人の兄弟は山の中を駆け巡り、いつしか東

【飛龍〜さんてん】めまぐるしく動き回る様子。講談の常套表現

【猪口才】小才があって生意気なこと

【こわっぱ】子どもや若者をののしっていう言葉

【押し出し〜突き落とし】いずれも相撲の決まり手

【バックドロップ〜まんじ固め】いずれもプロレスの技

【マシラ】猿の異名

は蕃山《ばんざん》から西は羽黒山《はぐろさん》までを縄張りにするようになった。

そんなある日、出羽の国、月山《がっさん》の中腹を歩いていると、一頭の白い鹿を見つけた。

「お、ええ獲物だ。磐三郎、追うぞ」と磐司が走り出す。磐三郎もその後を追うが、その鹿の早いこと早いこと。ぴょんぴょんと跳ねるように尾根を駆け上がり、立ち止まっては、からかうように振り返る。

「くそ、生意気なやつめ」と意地になって追いかけた。崖を這い上がり、谷を飛び越え、竜門山《りゅうもんさん》から朝日岳《あさひだけ》、越後に入り飯豊《いいで》、御神楽《みかぐら》を回り、帝釈山《たいしゃくさん》を越えて下野《しもつけ》の国。とうとう二荒山《ふたらさん》までやってきた。現在の日光男体山《にっこうなんたいさん》。

もう少しで追いつくかと思われたとき、白鹿《はくしか》は霧の中に消えていく。霧は立ち上がり雲になったかと思うと、天高く伸びあがり、人形《ひとがた》となる。

「なんだあれは」

「大魔神か、鉄人28号か」

「いや女性姿《にょしょう》だぞ」

雲は美しい女の姿となり二人を見下ろした。その美しさたるや、まさに沈魚落雁閉月羞花《ちんぎょらくがんへいげつしゅうか》のおもむきあり(何のこったかわからないと思いますので、ご説明します。あまりの美しさに魚は泳ぎを忘れて沈み、雁《かり》は飛べずに落ち、月は雲間に隠れ、花は恥じらって閉じるほど。つまりすげー美人ということ

【羽黒山】
山形出羽三山の一つ
【越後】
現在の新潟県地方
【下野】
現在の栃木県地方
【大魔神】
昭和の大映特撮映画に登場する巨大な魔神
【鉄人28号】
横山光輝の漫画に登場する巨大ロボット

です）。

射し込む光とともに軽やかな声が響いた。

「奥州の磐司と磐三郎の兄弟よ。わたしはこの二荒山の神にて候う」

「えっ、神様？」

「汝たち、強き者と聞き、ここに招き寄せ候う」

「何だって、招いた？おれたち追いかけたのではなく、連れて来られたのか。

ではあの白鹿は神の使いか」

「そのとおりです」

「おいおい、いったいおれたちを呼び寄せて、どうしようというんだ」

「私の助太刀をしてほしい」

「助太刀って、いってえ誰と戦っているんだよ」

「口に出すのもおぞましい。上野《こうづけ》の国の神です」

上野とは、現在の群馬県。群馬と下野の栃木県は、何かとライバル意識が
強いのですが、それはこの時代から続いているようです。

そう言ってる先から、ゴロゴロゴロッと雷鳴が響き、黒雲が湧き出て、どっ
と雨が降り出してくる。

「やつが来たようです」

指さす先を見れば、真っ黒な雲が一つの女の姿になっていく。

「おいおい、あっちも女かよ。こりゃとんでもねえのに巻き込まれたな」

兄弟を無視して、女神がののしり合う。

「下野の不細工神、あの美しい中禅寺湖を、私によこしなさい。わざわざおまえの醜い姿を映すこともなかろう」

「何さ、おまえみたいな田舎娘に姿を映す道具はいらないでしょ。とっととお帰り」

「口のきき方に気を付けろ。上野には名物が沢山あるんだ。水沢うどんに草津の湯。国定忠治《くにさだちゅうじ》もおるし、櫻井翔《さくらいしょう》くんだってうちなんだから」

「ふん下野だっていろいろあるわ。東照宮に日光江戸村、猿軍団。イチゴもおいしんだから、上野なんてこんにゃくしかないでしょ」

「なになになに、うー、くそー、こうなったら、もう力勝負だわ」

上野の国の女神は、再び黒雲になったかと思うと、不気味な大百足《おおむかで》と化した。

一方、下野の女神も、いつのまにか目をらんらんと輝かせた大蛇に変身している。

「おいおい、どうやらこれが本当の姿らしいなあ。美しいものにはとげがあると言うが、全くそのとおり。くわばらくわばら」

大蛇と大百足は中禅寺湖の脇の広野《こうや》に舞い降りると、かみつき、ののしり、

【水沢うどん】日本三大うどんの一つ。群馬県伊香保町水澤寺門前に伝わる名物
【国定忠治】江戸後期に実在した侠客。講談、大衆演劇などでよく知られる
【櫻井翔】アイドルグループ「嵐」のメンバーの一人
【くわばらくわばら】落雷など、嫌なことを防ぐときに唱える呪文

絡み合い、互いに、虚と見せては実と変わり、実と見せては虚と変わる、まこと変化《へんげ》の早業《はやわざ》は、水に浮かぶ月影の、波にうねうねうねりに似たり。次第に大蛇の旗色が悪くなってきた。何といっても大百足は沢山の足がある。それでぽかぽかやったもんだからたまらない。大蛇の足が、いや、体がふらついてきた。

「磐司、磐三郎、何やってんのよ。褒美はたんまりあげるから、早く、矢を放ってよ」

「おい、どうする、兄貴」

「ここまで来たんだ、褒美ばもちかえんねば、ただ働きになっべ」

「よし分かった」

磐三郎が自慢の強弓をきりきりとひきしぼり、ひょうひゅっと放てば、過《あやま》たず大百足の右目を貫いた。

ぐえええええっとのたうち回るところへ、磐司が槍以《も》て飛び込み、左の眼を突き刺し通す。

またもや「ぐえええええええ」と悲鳴を上げた大百足、血を流しながら上野へと逃げ帰った。このとき、その血に染まった山は赤城山《あかぎやま》と呼ばれるようになり、また両者が戦った広野は戦場ヶ原《せんじょうがはら》と呼ばれるようになった。

さて、戦も終わり、もとの美しい女神に戻った二荒山の神。

【水に浮かぶ～似たり】同じ形が留まらない様を表わす講談常套表現

【以て】～でもって

【赤城山】群馬県中央部に位置する山

【戦場ヶ原】栃木県奥日光にある高層湿原

「磐司と磐三郎。よくぞやってくれた。褒美を遣わすぞ。今後、ここより東の山において、お前たち兄弟の獲物は獲り放題とする。そうなった経緯を『山達根本之巻《やまだちこんぽんのまき》』として授けよう。子々孫々伝えるように。もう一つ言っておこう。私よりも美しい女を山に入れてはならぬぞ。もしそのようなことがあればそなたたちの命はないぞ」とにらんだ目は、まさにあの大蛇の青く光る目。思わず二人は震え上がった。

この話が伝えられたのだろうか。昭和の時代になっても、マタギの長《おさ》は、「山の女神は嫉妬深い。やきもちを焼かせないように」と、山に入るときは、醜い顔のオコゼの干物を持参したという。

さて、光陰に関守《せきもり》なく、はや二十年の歳月が過ぎた。その間、兄弟は向かうところ敵なく、奥州の山という山で、熊、猪、鹿、青ジシのみならず、兎、猿、山鳥などという小動物も追いまわし、狩を続けた。

そんなある日、二口峠と申しますから、現在の山形市山寺と仙台市秋保温泉の間の峠。山の木々も、赤や黄色に色づきはじめた十月の末。山の中で旅の僧とすれ違った。

磐司と磐三郎の兄弟、そのまま行きすぎようとすると、

「ご両人、お待ちなされ」

「なんだなんだ坊さん、何か用かい」

【山達根本之巻】
マタギの長であるシカリの家に代々伝えられた巻物。マタギの由来と権威を記した秘伝書

【オコゼ】

（イラスト　村田　遥）

【青ジシ】
カモシカのこと

「お主たち、何者じゃ」

「聞いて驚くな、山の女神から、自在に獲物を獲ることを許された磐司と磐三郎じゃ」

「ほう猟師か。なるほど」

「何がなるほどだ。何か文句でもあんのかい」

「お主たち、死相が出ているぞ」

「何だって、おれたち、このとおり、五体ピンピンじゃ。死相なんてあるものか」

「いや、この世は全て業《ごう》の世界。このままでは必ず報いを受けようぞ」

「おうおう、一体どんな報いを受けるってえんだよ」

「お主たち、今まで獣を獲り過ぎてきたろう。人はな、命あるものの命をもらって生かされているんだ。無用な殺生《せっしょう》は当然報いとなってあらわれようぞ」

「学校のせんせみてえなことを言うやつじゃな。おれたち獣を殺さねば、生きていがんねえ。それの何が悪い」

「殺すのはやむをえない。それも宿業《しゅくごう》じゃろう。じゃが山を畏《おそ》れ、山に生きる全てのものへの敬意を忘れてはいかん。子どものいる母熊を討ち取ったことはないか。腹の大きい鹿を狙ったことはないか。木の芽、木の実もそうだ。ほかの生き物の事を考えずに採り尽くしたことはないか」

【業】前世の善悪の行為によって、現世において受ける応報
【宿業】前世の行為で招いた逃れられぬ運命
【畏れ】恐れ敬うこと

磐司と磐三郎は思わず顔を見合わせた。思い当たることは山ほどある。

青ざめた二人に、

「なあに、これからでも遅くない。無用な殺生はせぬことだ。さすれば死相は消えようぞ」

「和尚様、ありげてえ話、初めて聞いた気がします。ありがとうございやす。きっと名のある方と存じます。どうかお名前を」

「西国《さいごく》から旅をしてまいった。円仁《えんにん》と申す。ところでじゃ、このあたりの山は誰のものじゃ」

「わしらの山でがす」

「うむ、ここが気に入った。十年ばかり貸してもらえぬか」

「有難い教えを受けた御礼。お安い御用でございます」

「されば証文を書いておこう」と円仁は矢立《やたて》の筆を取り出し、さらさらと「十年拝借候う」と書き添えた。ところが筆がすべって「十」の上に一本、点が加わった。

「ありゃりゃ、坊様、こりゃ千年だぞ」

「すまんすまん、これも仏のご意志でござろう、ゆるしてくだされや」

こうして貞観《じょうがん》二年、西暦八六〇年、円仁はこの地に立石寺《りっしゃくじ》を創建した。この円仁とは天台座主《てんだいざす》慈覚大師《だいし》その人であった。

【矢立】腰にさして携行する筆記具

一方、磐司と磐三郎の兄弟は、この周辺の山が「殺生無用」の地となったため、遠く羽後の国、現在の秋田県北部へと移り住み、子孫代々、「山達根本之巻」を伝えたという。

現在、山寺には、円仁と磐司、磐三郎の兄弟が会った場所という対面石が残され、毎年八月には磐司祭りが行われ、狩が行われなくなったことを喜んだ動物たちが舞ったという獅子踊りが伝えられている。また仙台市秋保地区には、最初に述べた磐司岩のほか、兄弟が育った岩窟と言われる上人洞《しょうにんどう》や、磐司岩の頂上から射た矢が、かすめたという石ケ森山《いしがもりやま》や、その矢が突き刺さった後に、根が生え、笹藪《ささやぶ》になったという逆さ竹などが残っている。

山形県山寺から仙台市秋保にかけて色濃く残る磐司磐三郎の伝説をもとにしました宝井琴鶴《たからいきんかく》先生創作の講談「磐司磐三郎」に村田琴之介が書き加えました「マタギの祖磐司磐三郎伝」の一席読み終わりとします。

コラム⑧

コラム⑧　【秋保に伝わるもう一つの磐司磐三郎伝説】

昔々、秋保並木集落に鬼が住み、人々を苦しめていたという。磐司磐三郎は、人々を助けるため、磐司岩から鬼屋敷めがけて弓矢を放った。しかし、矢は、途中にある石ケ森山の岩肌にかすったため、失速して鬼屋敷の手前の原っぱに落ちてしまった。それでもその鬼は磐司磐三郎の武勇に恐れをなして、逃亡したと言う。

原っぱに刺さった矢からは、やがて根が生えて竹やぶとなり、逆さに育ったという伝承から「逆さ竹」と名付けられた。かつては、この竹が秋保神社の祭典奉納で使われ、「湯立て神事」をはじめとする年中行事の重要な神具材となっていたと言う。

宝井琴鶴

講談協会所属。令和元年、真打に昇進し五代目宝井琴鶴となる。「塚原卜伝」「那須与一」などの古典講談だけでなく、創作講談も得意とし、代表作として「エルトゥールル号の遭難」や「世界のホンダ本田宗一郎物語」などがある。

☆史跡案内

①立石寺開山堂

②対面石

③磐司岩

④逆さ竹

〈所在地〉
①山形県山形市山寺四四五六の一
②山形県山形市山寺四四一一
③宮城県仙台市青葉区秋保町馬場地内
④宮城県仙台市青葉区秋保町長袋字野中

九、仙台怪異談《せんだいかいいだん》　金《きん》のかんざし

☆金のかんざし伝説

明治時代に滞日したイギリス人旅行者、リチャード・ゴードン・スミスが著した『Ancient Tales and Folklore of Japan』（邦訳名『日本の昔話と伝説』）には、全部で五十七篇の話が収められている。それらの中には、この本以外ではどこにも見られない話がある。その一つが、江戸時代に、仙台であったという、死んだ姉の霊魂が、妹に乗り移り、生前の思いを遂げるという怪異談。登場人物の名も、『仙台家臣録』にはなく、話の出典は不明である。

令和二年、宝井琴星がこの話を元に、創作講談「金のかんざし」を発表した。

奥州は仙台六十二万石、伊達陸奥守《むつのかみ》政宗の家臣で、三百石取りの蓮沼門次郎と三百五十石取りの斎藤弥太郎という者がおりました。二人は家格も同じ

【陸奥守】伊達政宗の官位名

くらいですから、常日頃から気が置けない仲であります。門次郎には二人の娘があり、姉のお蓮《れん》が八歳、妹のお慶《けい》が六歳でした。一方、弥太郎には十歳になる一人息子の甲之丞《こうのじょう》がおりました。

そんなある日のこと、

「弥太郎殿は跡取りがいていいのう」

「何々、確かに跡取りはおりますが、選ぶことはできません。甲之丞が立派になってくれればいいのですが。そこへいくと門次郎殿は、見繕《みつくろ》って、立派な娘婿を迎えることができる。いや、実に心配がない」

「なるほど、そういう考えもありますか。しかし弥太郎殿のお子さんであるから、立派に成長することであろう。どうであろう、こうして親戚同様お付き合いしている間柄、娘のお蓮を、甲之丞殿の嫁にもらっていただけませんかな」

「それは願ってもないこと。甲之丞が二十歳《はたち》になりましたなら、二人を夫婦にすることではどうでしょうか」

「いやそうしていただけますか、いや実に有難い。ではそれまでは許嫁《いいなずけ》ということにいたしましょう」

こうして二人は夫婦《めおと》となることが定められました。

やがて慶長十八年と申しますから、徳川二代将軍秀忠の時代。この年、伊達家では遣欧使節をスペイン、ローマに派遣することで連日、評定《ひょうじょう》が行われていました。

　仙台城本丸大広間の鳳凰《ほうおう》の壁画を背にした政宗が口を開きます。

「カトリック・フランシスコ会宣教師ルイス・ソテロは、仙台領で布教を許されれば、メキシコ、さらに遠くはスペインとも交易ができるようになると言っておるが、どうであろうか」

「結構なことでござらぬか。西欧にはいろいろ珍しいものがあるという。長崎からもどった者の話によれば、バナーナとやらパインナップウなどという珍しい果物もあると聞く。拙者も、死ぬ前にそのようなものを食べてみたいものじゃ」

「いやいや、さすがは物知りの成実《しげざね》殿、よくご存じじゃ。じゃが、外国へ船を出すことは国禁に触れること、慎重にすべきでは」

「全くその通り。大御所《おおごしょ》家康様は、近頃、イギリス人のウィリアム・アダムスなる者を重用し、キリスト教の布教には厳しい目をお向けになっていると聞く、交易を行うにしろ、ソテロとは、つかず離れずの関係で、話を進めるべきでは」と片倉小十郎。

　その時、末席におりました斎藤弥太郎が、

「恐れながら申し上げます。拙者は、慎重策には反対でござる。むしろこれ

【慶長十八年】
西暦一六一三年
【評定】
評議して決めること
【成実】
御一門の伊達成実
【大御所】
隠居した将軍をさす
【ウィリアム・アダムス】
日本に漂着したイギリス人航海士。家康の外交顧問となる。日本名三浦按針
【片倉小十郎】
伊達家重臣

を好機ととらえ、ソテロを通じ、スペインとの関係を深めるべきだと思いまする」

「好機とはどういうことだ」と小十郎が聞き返しますと、

「伊達が天下を取る好機ということでございます。聞けばスペインは無敵艦隊を持つ強国であります。布教を許すと同時に、かの軍と手を結んではいかがでしょうか。味方はスペイン軍だけではありませぬ。仙台領でキリスト教の布教が許されたと聞けば、各地に潜むキリシタン武士が馳せ参じるはず。そして大坂の豊臣秀頼様と手を組めば、徳川を東西からはさみうちにすることができます。これを好機と言わずして何を好機と言うべきでしょうか」

大広間はシーンと静まり返ります。皆、政宗が何と言うのかと固唾《かたず》を飲んで見守ります。

政宗はしばらくの間、目をつぶり黙考しておりました。

「大それたことを言うやつめ。わしも十年若かったら、心を動かされるところじゃ。しかし、すでに徳川の世は盤石《ばんじゃく》。下手な動きをしてしまったら、交易の話もつぶされてしまうだろう。いやいや、船を出す前に伊達が改易されかねない。この中にも、徳川に通じている者はおるはず。ここでわしがいい顔をみせることはできない」

「かっ」と目を見開いた政宗、

【盤石】

動かしがたいこと

「下郎《げろう》、何を申すか。恐れ多くも、徳川様へ反旗を翻す話など聞きとうない。下がれ、下がれ。二度とこの城に上がることは許さん」と怒りに言葉を震わせてみせました。

このことがあって、斎藤家はお取りつぶし、仙台領からも追放され、蓮沼家と斎藤家の交際も途絶えてしまいました。

さて、時が立つこと十年、元和九年のことでございます。

蓮沼門次郎の娘、お蓮とお慶は美しい娘へと成長し、十八歳になった姉のお蓮には、次々と縁談が舞い込んでまいります。しかし、お蓮は斎藤甲之丞という許嫁がいることを肝に銘じ、決して心を動かしません。

「お蓮、田中殿から縁談がまいった。田中家は三千五百石取りのご重役。倅の三郎殿も、ゆくゆくはご重役になるお方じゃ。こんな良縁は滅多にないぞ」

「私には甲之丞様がおります。お断りをお願いいたします」

「しかし、昔、約束したとは言え、今はどこにおるかも分からない相手。そのような相手を待ち続けては、婚期を逃してしまうではないか。時が立てば、何事も懐かしい思い出になるものじゃ、あきらめい」

「わがままではございますが、思いを断ち切ることはできませぬ。お許しください」

そうこうするうちに、お蓮は恋煩いの心労がたたったのでしょうか、飲み

【下郎】身分の低い男

食いもできなくなり、はかなくこの世を去ってしまいました。

両親は悲しみ、「それほど甲之丞殿のことを思っていたのか」と哀れに思い、十年前に許嫁の証《あかし》と贈られていた金のかんざしを、娘の棺《ひつぎ》に一緒に納めました。

それから二か月後のある日こと、行方知れずであった斎藤甲之丞が、突然、仙台の蓮沼家を訪ねてきました。

「これはこれは甲之丞殿。ご立派になりなすった。御父上はお元気であられるか」

「いや、父も母も亡くなりもうした。追放された後は一家流浪の旅。とうとう蝦夷地まで流れていきましたが、殿のお怒りが解けることもなく、失意のうちに」

「そうですか。御気の毒なことをしましたなあ」

「私も、ご当家に顔を出せる身ではないのですが、せめてそのことをお伝えしようと、参った次第でございます。ご当家の皆様はお変わりなく」

蓮沼夫婦は思わず顔を見合わせた。少しの間があって、門次郎が、口を開きました。

「実は、お蓮が二か月前に帰らぬ人となってしまいました」

「えっ、お蓮殿が」

「お蓮も十八となり、方々から縁談の話があったのですが、あなた様、甲之丞様という許嫁があると全て断り、あなた様を待ち焦がれておりましたが、恋の病には、どんな薬も聞かず、息を引き取ってしまいました」

「なんと、この私のために申し訳ない。もう合わせる顔がないと思い、今まで顔を出すことを遠慮していたのだが。私はとんでもないことをしてしまったようだ。せめて、仏様の前でお詫びをさせてください」

仏壇の前に座った甲之丞。両の手を合わせ半刻あまり、身じろぎもせず拝み続けました。次々とあふれる涙は膝の上を濡らしていきます。

その後姿を、じっと見ていた門次郎が、ようやく仏壇を離れた甲之丞に声をかけました。

「甲之丞様。あなた様は、いずれはお蓮と夫婦になるはずだったお方。もしどこへも行く当てがないならば、この家におって、お蓮の霊を弔ってもらいたい。いや親御様も亡くなられたというのであれば、ゆくゆくはこの蓮沼家のご養子になってはいかがか」

甲之丞の頬はたちまち紅潮した。

「何とありがたいお話。幼少の頃より、家族のようにお付き合いさせていただいた蓮沼家に入らせていただくのであれば、亡き父たちも、さぞかし喜ぶことでございましょう。不束者《ふつつかもの》ではありますがよろしくお願いいたします」

【半刻】約一時間

【不束者】能力や修行が十分でなく行き届かない人間

そうして、一緒に暮らすようになってから数か月後の八月の夕暮れ時、甲之丞は玄関先で金のかんざしを拾った。

「きれいなかんざしだなあ。きっと先ほど彼岸の墓参りから帰ってきたお慶さんのものだろう。後でお届けしてあげよう」と拾い上げ、自分の離れへと戻りました。

もう五つを過ぎた頃、甲之丞が、行灯《あんどん》のあかりをたよりに書見《しょけん》をしていますと、戸を叩くものがいます。こんな遅くに誰であろうと戸を開けると、お慶が立っているではありませんか。

「あっ、お慶さん、こんな夜更けにどうなさいました」

「私の金のかんざしをいただきに参りました」

「拙者が拾ったとよく分かりましたね。後でお届けしようと思っておりました。これでございます」と差し出すと、お慶は思いつめた様子で、

「お願いがございます。私の願いを聞き届けてください」

「藪から棒に何でございましょう」

「甲之丞様。あなた様のことをお慕い申し上げております。あなた様と二人になれる機会を作ろうと、わざとかんざしを落としたのでございます」

「なんだって、お気持ちはうれしいが、私はあなた様のお姉上、お蓮様の許嫁だった者。お蓮殿に申し訳ない。ご両親も許すはずはありません」

【八月】　旧暦八月

【五つ】　午後八時頃

【藪から棒】　突然で思いがけないこと

「そのようなお言葉、お恨み申します。一緒になってくださらぬならば、のどをつくまで」と受け取った金のかんざしで、のどをつこうといたします。

その異様な執着ぶりと誘惑に負けた甲之丞は、とうとうお慶と駆け落ちすることとなり、仙台を離れた石巻の知り合いに身を寄せることとなりました。

そうして幸せに満ちた一年がたちまちのうちに過ぎ去ります。

そんなある日のこと、

「甲之丞様、そろそろ両親のもとに帰りましょう。置手紙もせずに出てきた私たちです。心配しているにちがいありません。まず、あなた様が先に両親に会ってくだされ」

「今になって、のこのこ出ていっては。さぞかしお怒りになることであろうな」

「大丈夫でございます。もしも両親が怒るときには、このかんざしをお見せくださいい」

「おお、これはあの時の金のかんざしだな」

甲之丞は妙なことを言うものだと思いながら、そのかんざしを懐に入れ、石巻を後にし、仙台の蓮沼家へと戻りました。

甲之丞を見た蓮沼門次郎、

「いったいどこで何をしていたのだ。突然、そなたの姿が見えなくなり、神隠しにでもあったのかと心配しておったぞ」

甲之丞は両手をつき、

「申し訳ありませぬ。実はそれがし、お蓮殿の許嫁であった身でありながら、ふとした気の迷いで、妹御のお慶殿とやんごとなき仲になりまして、とてもご両親はお許しにならないだろうと、駆け落ちをした次第でございます。どうかお許しいただきたい」

「何だって、誰と駆け落ちを」

「お慶殿です」

「甲之丞、妙なことを言うではない。お慶は、お前のいなくなった日から、重い病にかかり、身動きすることも、口を利くこともできない亡骸《なきがら》同然の有様になっておる。ほら、そこに伏せっておるだろう」と指さします。

目をやった甲之丞驚きます。

「あっ、お慶」

やつれてはいるが、まさしくお慶その人であります。

「しかし、しかし、私は確かにお慶殿と石巻で一緒に暮らしておりました。そうだ、証拠もございます。ほれ、これでございます。お慶殿がお持ちになっていた金のかんざしです」

それを見た母親、

【やんごとなき】捨ててはおかれないの意

【亡骸】死んだ人の体

「あっ、これはお蓮の棺に入れた金のかんざし。どうしてここに」

「えっ、どういうことでございますか。これはお慶が持っていて、何かあったら見せるようにと言われたものです」

するとそれまで重い病で身動き一つしなかった目の前のお慶が、突然むっくりと起き上がり、寝衣装《ねいしょ》をつくろい、両の手をつき頭をさげる。

一同、驚きの声も出ない。

「ただ今、姉の夢を見ておりました。姉がにっこり笑いながら『一年間幸せでした。あとはあなたが甲之丞様の妻となってください』と申しました」と語るではありませんか。

しばし声の出なかった父の門次郎、

「不思議なこともあるものだ。これはきっとお蓮の霊が、お慶に乗り移り、駆け落ちしたのだろう。それゆえ、お慶の体は抜け殻となり、寝たきりになっていたのだろう。甲之丞殿、そなたが一緒にいたのは、姿はお慶だったが、まことはお蓮だったのだろう。お蓮もあなた様と一年間幸せに暮らすことができ、思い残すことなく、あの世に帰ったのだろう」

一同四人は、仏壇に金のかんざしを供え、長い間、両の手を合わせてお蓮の成仏《じょうぶつ》を祈りました。

ここに、甲之丞とお慶は晴れて夫婦となりました。その後、金のかんざしは塩釜のとある神社に奉納され、思いを遂げる神様として多くの人々が参詣に訪れたと申します。

イギリス人旅行家ゴードン・スミスが、明治期に採録した「仙台のとある伝説」を元に、宝井琴星《たからいきんせい》先生が創作した講談「金のかんざし」に、村田琴之介が手を加えました「仙台怪異談　金のかんざし」の一席。

コラム⑨

コラム⑨　【リチャード・ゴードン・スミスについて】

一八五八年イングランドの生まれ。祖父の築いた財産を相続し、欧州を股にかけて狩猟三昧の生活を送っていた。一八九八年、世界一周旅行ツァーに加わり初来日。大英博物館から依頼を受けた生物に関する調査・採集も兼ねていた。一端、日本を離れるも、再び来日し、約九年間、日本の各地を見聞、調査し、その際、接した様々な階層の人々（漁師、農民、僧侶、医師、子どもなど）から聞き集めた話を日記に書き留めた。その数は二百五十あまりにのぼるが、帰国後、その中から五十七篇を選び、上梓したのが、『Ancient Tales and Folkore of Japan』である。一九九三年、南雲堂から吉澤貞の訳による『日本の昔話と伝説』が出版されている。

一九〇四年十月、鳥羽で海女たちの作業を見学し、語らいあったときの写真
〈鳥羽市役所観光商工課提供〉

第七十五回修羅場塾公演の様子

宝井琴星

講談協会所属。講談協会理事兼事務局長。昭和六十年真打昇進。弟子に五代目宝井琴鶴。宝井講談修羅場塾塾長として、長年アマチュアの指導も行っている。「塚原卜伝」や「伊達の堪忍袋」のような古典だけでなく、「あんぱんを食べた次郎長」や「ロミオとジュリエット」のような新作も多く手がけ、その軽妙な語り口には定評ある。

宝井講談修羅場塾

昭和五十一年、六代目宝井馬琴が始めた、アマチュアを対象とした老舗の講談塾。現在、本コースと初心者コースの二コースがあり、本コースを塾長宝井琴星が、初心者コースを当塾出身の宝井琴鶴が指導している。詳しくは、宝井琴鶴のウェブサイト（takaraikinkaku.com）を参照あれ。

十、伊達《だて》の鬼夫婦《おにふうふ》

☆講談で語られる井伊直人に関わる伝説

講談「伊達の鬼夫婦」は「井伊直人」のお題でも知られる古典講談の人気演目であり、現在も多くの講談師によって語られている。

ただ、井伊直人の名は『仙台藩家臣録』にはなく、また江戸時代寛永年間に、将軍徳川家光の御前で行われたという寛永御前試合に出場し、鎖鎌の名人、山田真龍軒と戦ったと語られているが、寛永御前試合自体、架空のもので、その実在が疑われる。

しかし、そのモデルになったと思われる人物は、実在している。宮城県石巻市桃生町にある白髭神社に、寛政四年に建てられた「竹永直人翁師弟合祀碑」なるものがあり、竹永直人なる人物が、江戸にて柳生道場で剣を学び、この地に柳生心眼流を広めたと記されている。

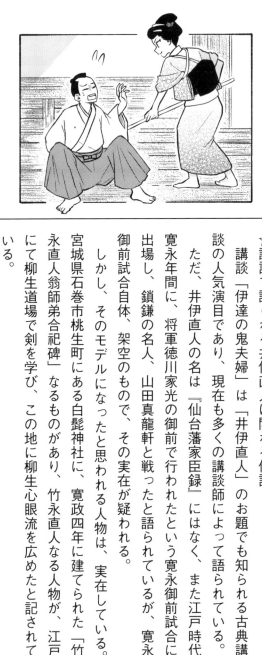

仙台青葉の城主、六十二万石伊達家の藩中で、八百石を頂いておりました井伊直江《いいなおえ》。慶長五年九月の十八日、陸奥の国は松川の合戦におき、上杉・佐竹の大軍と戦い、華々しく討死《うちじに》を遂げました。後に残されました倅《せがれ》の仙三郎、家督相続を仰せつかりましたが、なにせまだ十四歳の若年でありますゆえ、成人の暁まで無役《むやく》との仰せでございました。

月日の経つのは早いもの、仙三郎、ここに二十歳の春を迎えましたので、元服して、直人《なおと》と名乗ることになりました。ところが直人、久しく無役でありましたので、あちこちで遊んでいるうちに、いつか賭け碁を覚えた。人というのは凝りだしますと、どうにも仕方がないもので、初めは五両、十両。そのうち五十両、百両と大金になり、とうとう、先祖伝来の宝物や家財道具なども売り払い、無我夢中。奉公人も皆あきれかえって、暇を取って出て行ってしまった。たった一人残ったのが、昔から奉公している仲間《ちゅうげん》の作造。

そんな或る日、藩内で日ごろ直人と親しい中村貞三郎《ていざぶろう》が訪ねて来た。

「頼もう」

「あらまあ、どなたかと思いましたら、中村様ではございませんか」

「直人殿はお出でか」

「はい、お出でででございます。どうぞ履物を履いたままお上がりください」

「そんな無礼なことができるか」

【慶長五年】西暦一六〇〇年

【松川】現在の福島市松川町周辺

【賭け碁】金品を賭けて行う碁

【暇を取る】使用人などが願い出て勤めを退めること

【仲間】江戸時代、武士に従って雑務をつかさどる男

「いえいえ、畳を敷いてございませんので」

なるほど、見ると玄関から先に畳がない。

「して、これはどういうことだ」

「旦那様が、賭け碁をするため、売っぱらってしまったのでございます」

「うむ、噂には聞いていたが、それはどうも困ったものだな。それではこのまま御免」

日ごろの仲とて、挨拶もそこそこに、

「他でもござらぬ。貴公そろそろご家内を持ちなすっては」

「何だ、何だ。出し抜けに家内を持てなどと」

「いや、貴公も、もはや二十一歳。身を固める時だ。それになあ、貴公と夫婦《めおと》にならないと生きていられないと、恋煩いをしている女性《にょしょう》があるんじゃ」

「おいおいおいおいおい、からかってはいかん。家中《かちゅう》残らずつまはじきにされて、どこへ行っても話し相手にもなってもらえん直人だ。そんなご婦人がいるわけない」

「いや、それがいるんだ」

「どうせ年のいった出戻りだろう」

「いや、十七の娘だ」

「何、そりゃ大方、武家と縁組したいなどという町人の娘かなんかだろう」

【出戻り】女性が離婚して実家に帰ること

「いや、れっきとした武士の娘だ」

「はあ、武士の娘。本当か、誰だ」

「実は、この武者小路《むしゃのこうじ》に住んでいる伊佐子三十郎《いさごさんじゅうろう》殿の娘ごじゃ。貴公も知っておろう。この界隈《かいわい》では伊佐子小町《いさごこまち》、弁天娘、ミス仙台と評判のお貞殿じゃ」

「何、伊佐子の娘が拙者に恋煩い。おいおい、そんな釣り合わない話はない。提灯に釣鐘よりもっと不釣り合いだ」

「いや、わしもそう思うが、この間、伊佐子三十郎殿から急の使いで、何事かと行ってみると、この話だ。貴公は直人殿と親しいから、どうかこの縁談をまとめてくれとのお願いだ。貴公が話を受けてくれたら、持参金は三百両と言っておった」

「何、三百両。そりゃほんとの話か。どうも夢のような話だ」

「まあ何だな。焼け野の雉子《きぎす》、夜の鶴というたとえがあるとおり、貴様の身の治まらんことは、伊佐子殿も百も承知、二百も合点《がてん》だが、娘がこれほど思いつめたものだからという、我が子かわいさの、親の慈悲というもの。それゆえ拙者への頼みじゃ。貴公が得心すれば、早速、承知の趣《おもむき》を先方へ伝えるがどうじゃ」

「その話、進めてくれ。何はともあれ持参金三百両。それがあれば、今までの負けを取り返すことができる」


【焼け野の雉子、夜の鶴】子を思う親の情が、極めて深いことのたとえ

こうして話はとんとん拍子。三三九度の盃もすませ、直人とお貞、偕老同《かいろうどう》穴《けつ》の契りを結び、めでたくここに夫婦となりました。

さて、あくる朝、

「お貞、なんでも手前に想いをかけて長い間患《わずら》っていたそうだが、親戚中、鼻つまみ者のわしのどこが気に入ったのだ。ちょい悪《わる》なところか。まあ言いたくなければ言わずとも良い。それより持参金の方だが、もちろん所持して参ったろうな」

「はい」

「そうかそうか、すまんがその金子《きんす》ちょっと拝借したい」

「承知仕りましたが、いかが遊ばしますか」

「いやいや、ここのところ賭け碁で負けが続いておる。このあたりで盛り返そうと思っていたが、軍用金に差支えておった。すまんが持参金を拝借したい」

「さようでございますか。畏《かしこ》まりました」と、そそくさと立ち上がって箪笥《たんす》の引き出しから三百両の金子を出して夫に。

直人、それを受け取りますと、

「ではちょっと行って参る。留守を頼む」とびゅうっと碁会所へ行ったきり、十日ばかり帰ってこない。

【三三九度の盃】結婚式で行われる夫婦の固めの献杯

【偕老同穴】夫婦が最後まで添い遂げること

【ちょい悪】不良っぽいこと

【金子】お金のこと

全部取られて戻ってきた直人、

「いやいや、長い間、家を空けてすまなかった。申し訳ない。ところで持参金のほかに、金子は持っておらんのか」

「はい、まさかの時の用意にと、父上から百両ほど頂いております」

「何、百両。なかなか用意がいいではないか。ちと、それを出してもらいたい」

またして、びゅうっと行ったきり帰ってこない。そうして十日ばかりして、すってんてんになって戻ってきた。

「いや、留守にして申し訳ない。もうちょっとのところだったのだ。今度は負けはせぬ。誠に言いづらいのだが、里に帰って、三十両ばかり拝借できぬか。何、勝ちさえすれば、二倍にして返却いたす。心配いたすな」

これが繰り返され、とうとう三度目の里の敷居をくぐったお貞。

「お父様」

「おお貞か。どうした。直人は相変わらずか」

「はい、仏の顔も三度と、申し上げにくいのですが、『これが最後、これっきりご迷惑をかけないから、五十両拝借してきてくれ』とのことでございます。恐れ入りますがよろしくお願いいたします」

「そうか、貞、三十両、五十両と相重《あい》なって、すでに百両を越えた。いや金子の高を言っているのではない。貞、どうじゃ。ここらあたりが分別のしど

【里】　実家のこと

ころ。かねてよりそちに申しつけたとおりに計らいなさい」

「はい、心得ましたでございます」

さて、屋敷に戻りますと、

「やっやっや、お貞、どうであった。さぞご立腹のことであったろうな」

「いえ、二つ返事で、この通り五十両拝借いたしてまいりました」

「おーそうか、千万《せんばん》かたじけない。お貞は、金を借りるのがうまいなあ。然《しか》らばちょっと行ってくるぞ」といつものように飛び出そうとしたとき、

「あいや、しばらくお待ちください」

「うん、なんだなんだ、いかがいたした」

「今日は、私《わたくし》、折り入って申し上げたいことがございます。どうぞご着座を」

「急いでおるのだ。早くせい」

「あなた様の御父上、直江様は、御屋形《おやかた》様の武芸指南をなさっておりましたところ、慶長五年の戦にて、見事のお討死。あなた様は御年《おんとし》十四歳にて、みなしごとおなり遊ばしたが、親の光は七光り。御屋形様の覚えめでたく、無役で八百石のお禄をはぐくんでおいで遊ばします」

「そんなこと、お前に言われんでもわかっておる」

「にもかかわらず、賭け碁に夢中でございます。かりそめにも八百石の禄の武士がなすべきことではございません。一通りの武芸の心得あって、たまに

【千万】いろいろにの意

【覚え】寵愛

碁を遊ばすのはよろしゅうございますが、失礼ながら、あなた様には武芸の心得というものがございません。それではまさかの時に、御屋形様に何をもってご奉公遊ばします。今日は、この貞がお相手になりますゆえ、私と立ち会って、お勝ち遊ばしましたら、この金子をもってお慰み遊ばせ。もし、お負けなされたときは、夫婦の語らいもこれ限り、いずこなりへとも参り、ご修行なさって、立派なお腕前になったならば、お戻り遊ばせ」

「黙れ、黙れ。いかに身を崩すとて、女子《おなご》のそちに負ける気遣いなどないわい」

「おお、りっぱなお言葉。けれどもお言葉だけではわかりませぬ。お手の内を拝見いたしましょう。私も父より仕込まれた、大和《やまと》流薙刀《なぎなた》の一手、二手は心得ております」

「うー、その方の高慢ちきな舌の根、引き抜いてくれん」

「ではお相手いたしまする」とお貞はすっと立ち上がって、以前、父親が指南しておりました道場へ。

お貞は長押《なげし》にかかっていた薙刀を取り、りゅうりゅうとしごく。直人も蛤の木剣を取って、「えーい」と気合を入れて身構えた。

いかなるところへ隙を見出したのか、直人が「やー」と打ち込んでいくと、ひらりと身をかわしたお貞、「さあっ」と横に払った薙刀は、電光石火、稲妻のごとく。直人よけようとしたのだが、向う脛《ずね》をぱかーんと払われ、起き

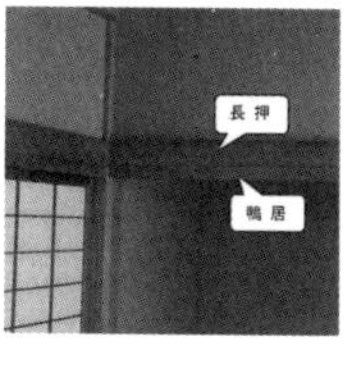

【長押】

上がろうとするところを、お貞、袴の腰板のところへ、薙刀をピシッと押し当てた。

「あたったたった、参った」

「いかがでございますか。これは大和流獅子の岩石落とし。さあ、お約束どおり、この金子をもって何処《いずこ》へなりともお出《い》でなされ。修行を積み、私に打ち勝つだけのお腕前になったら、お戻り遊ばせ。お留守中は、貞が立派に家をお守りいたします。さあ、いってらっしゃいませ」と、いきなり襟髪《えりがみ》つかんでズルズルズルと道場の外へ引っ張り出した。

そこへ、ばらばらっと飛び出してきたのが、一人残った仲間の作造。

「あらあ、これは奥様、えれえことばなさりましたな。旦那様、仕方ございませんのう、立派な腕になって戻ってくるがいいだ。さあ、行った行った」

仲間にまで馬鹿にされた直人、

「おのれー、お貞、覚えておれ」と仙台を立ち出で、伝手《つて》を求めて、江戸木《こ》挽《びき》町の柳生飛騨守宗冬《やぎゅうひだのかみむねふゆ》の門に入り、一年、二年、三年、四年、五年と夢の間に五年の歳月。これならばという腕前になったので、飛騨守の許しをえて、立ち返って参りましたのは仙台のわが家。

見ると、五年前とは打って変わって、屋敷はきれいになり、道場ではエイヤーの気合の声。直人、女手一つでは持ち切れず、屋敷替えにでもなったか

【袴の腰板】袴の後ろ腰の部分に当てる山形の板

【獅子の岩石落とし】薙刀の技の名前。どんな技かは不明

【襟髪】首の後方の髪

【柳生飛騨守宗冬】新陰流柳生道場三代目当主

と思い、

「頼もう」

「どーれ」と出てきましたのは門人ふうの女。

「ちと尋ぬるが、井伊直人の屋敷はここか」

「さようでございます。ご当家は井伊直人様でございます」

「何か道場の方から、大層な気合が聞こえるが、どなたが稽古をしているのか」

「あれは、留守をお預かりしている奥様が、家中のお女中たちに、大和流の薙刀をご指南しておられます」

「そうか、とにかく奥へ取り次いでくれ」

「どちら様でございますか」

「井伊直人じゃ」

「あの、先ほど申しましたように旦那様はお留守でございます」

「わしが井伊直人だ」

「これは恐れ入りました。しばしお待ちください」

やがて、奥から現れましたお貞、

「これはこれは、ようこそお戻り遊ばしました」

「おー貞か。只今戻った。とにもかくにも長の旅。すすぎをくれ」

【すすぎ】足を洗う水

「あの、おすすぎを差し上げることは、しばしお待ち願います」

「何、自分の家に帰ってきたのだから、上がるのに子細はあるまい、何故、すすぎはならぬのじゃ」

「かねてのお約束どおり、私と一手お相手をして、お勝ちにならなければ、お上げ申し上げるわけにはいきません」

「黙れ、五年前には貴様に負けたが、今や、昔の直人ではない。天下の柳生飛騨守様の道場で修行を積み、もはや天晴《あっぱ》れな腕前の直人だ」

「それはそれは、さようでございますか。でも、お約束でございますから、どうぞ一つお相手を」

「うー、ならば相手をしてつかわそう」

「玄関先では人立《ひとだ》ちがいたしますゆえ、裏口からお入りください」

「何、くそー、オーどこへでも参る」と直人、怒ったの怒らなかったの。三尺三寸の木剣《ぼっけん》を持ちまして、裏口から庭先に回り、袴の股立《ももだ》ちを取って待ち受けているところへ、支度を整え稽古薙刀を持って、縁側先から現れたお貞。女の門人がずらりと並んで見ている中を、直人は柳生流の片身透《かたみす》かしの青眼《せいがん》につける。お貞はピタッと中段に構えた。その姿を見て直人驚いた。五年前は、自分が未熟だったから相手の腕前が分からなかったが、今は相手の技量もよく分かる。「これは凄い」と、油断なく隙をうかがい、「エイッ」と裂っ

【子細】あれこれと異議をとなえるような事柄
【人立ち】人だかり
【袴の股立ちを取る】動きやすいように袴の裾をたくし上げること
【片身透かし】半身にわざと隙を作る構え
【青眼】相手の目に刀の切っ先を向けて構えること

ぱくの気合で打ち込んだ。あわや真向う満天にピシッと当たったかと思いきや、かのとき早く、このとき遅く、お貞がサッと横に薙ぎ払った。バッタと倒れた直人、ちょうど五年前に討たれた同じところをパカーン。

「参った」

「いかがでございまするか。またまた大和流獅子の岩石落とし。あなた様は一体、五年の間、江戸で何のご修行をなさいましたか。さぞやオンラインゲームで鍛えたんじゃないでしょうねえ。もう一度、腕を磨いてお出でなされ」

「このー、覚えておれ」とそのまんま江戸に戻り、再び柳生飛騨守の道場で三年間の修行を積んだ。

いよいよ仙台への出立《しゅったつ》の朝、飛騨守、

「直人殿、よう辛抱なされた。もはや某《それがし》には教えることは、何一つござらぬ。今度も奥方《おくがた》に負けるようなことになれば、まあそのときは、奥方の弟子になるのがよろしかろう」

「今度負けたら、私は女房の弟子になるのでございますか。わかりました」と悲壮な決意をして立ち戻った仙台のわが家。

「頼もう」

奥から出迎えたお貞、一目見るなり、

「ようこそお戻りなされました。どうぞおすすぎを遊ばし、お上がりなされ」

「いや上がるまい。よくも三年前に痛い目に合わせおったな。もう一度の勝負じゃ。今度負ければ、深山幽谷に分け入り、一人、心の修行をして生涯を終えるつもりだ。さあ相手をいたせ」

「恐れ入ります。天晴れ、一流の極意を極めなすったお姿。なんぞ私にお相手など出来ようはずはございませぬ。さあ、どうぞお上がりくださいませ」

直人が天晴れな腕前になって戻ってきたと知らせを受け、三十郎はじめ親類縁者が集まって参った。座が定まったときに、伊佐子三十郎が進み出て、

「婿《むこ》殿、見上げた立派な腕前になられた様子、祝着《しゅうちゃく》でござる。今こそ実《じつ》を打ち明けてお話をいたす。過ぎし昔の慶長五年九月十八日、手前の父、三左衛《さんざえ》門《もん》が奥州松川の戦にて敵に討たれんとするところ、御身《おんみ》の父上、直江殿に救われ申した。しかるに、直江殿はそのまま深入りをしたばかりに討死。手前の父はその戦の功によりに三千五百石の身分となった。その後、病を得てこの世を去る時、父は某《それがし》を枕辺に呼び、『わしの命を救ってくれた直江殿の恩義に報いるため、忘れ形見の仙三郎をよろしく頼む』と言いおいて、黄泉《こうせん》の客となった。しかるに御身は賭け碁に身を崩し、放蕩三昧《ほうとうざんまい》。そこで、恋煩いと称し、娘を御身のもとへ嫁入りさせ、いろいろ鞭《むち》を加えさせたのは、皆、手前の指図でござる。今日、立派な腕前になって立ち帰られたのは、誠に目出度きこと。今こそ、御身の父上の御恩に報いた気持ち。この上は、君に忠

【深山幽谷】 山深い所にある静かな谷

【祝着】 喜び祝うこと

【黄泉の客】 死んだ人

勤を尽くし、井伊家の名を後世に遺されるよういたされい」と初めて、打ち明かした長物語。

これを承った直人、両眼《りょうまなこ》から涙をはらはらと流し、

「何とありがたきお言葉。さほどの深い思《おぼ》し召しがあったとは、愚かな直人いっこうに存ぜんでござった。貞、その方に打たれた薙刀、あれは冥途におわす父上の、その方の手を借りた折檻《せっかん》じゃ。うらみはせぬぞ」

ここに一同喜びの酒宴となりました。

この話を聞かれた伊達政宗公、即刻、直人を仙台藩の武芸指南役におとりたて、お貞には、あらためてお女中衆への薙刀指南役を申しつけられました。

日本六十余州広しと言えども、夫婦で武芸指南役はこの伊達家のみでありまして、鬼のように強い夫婦だと、いつしか伊達の鬼夫婦、仙台の鬼夫婦と呼ばれるようになったそうでございます。「伊達の鬼夫婦」の一席読み終わりといたします。

【折檻】体罰を加え戒めること

コラム⑩

⑩

コラム⑩　「寛永御前試合」について

江戸時代の寛永年間に、各地の武芸家を集めて、将軍徳川家光の御前で行われたという御前試合。かつては講談でよく取り上げられていたようだが、現在ではあまり聞くことはない。

講談によって、対戦する人物や組み合わせはまちまちであるが、実在が確認できない人物や、年代的に合わない人物も多く、架空の出来事とされている。この中で、「伊達の鬼夫婦」の主人公井伊直人とお貞は、鎖鎌の名手である山田真龍軒と相対している。先に直人が登場したが、木刀を鎖にからめとられ、敗北に終わったが、次に登場したお貞は、鎖鎌の弱点を見抜き、飛んでくる鎖の分銅を薙刀の背で跳ね上げ、相手が疲れたのを待ち、ついには真龍軒の脛をはらい、勝ちをおさめたという。

他に、荒木又右エ門や宮本無三四、大久保彦左衛門といった著名な人物や、柔術、弓術、手裏剣術、馬術の名人なども登場するという豪華オールキャストの体《てい》をなした話となっている。

☆史跡案内

①白髭神社

②竹永直人（隼人） 翁師弟合祀碑

③上記碑文拡大
柳生の字が読み取れる

④柳生心眼流稽古風景

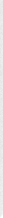

（柳生心眼流武術拳心会提供）

〈所在地〉
①②③　宮城県石巻市桃生町高須賀下畑九の一
④　宮城県仙台市泉区館六丁目十七の一
仙台市立館中学校武道館

参考文献

一、「奥州白石噺娘敵討」

・仙台郷土研究会編『仙臺郷土研究』限定復刻版巻5（宝文堂）
・仙台郷土研究会編『仙臺郷土研究』第十九巻第2号（仙台郷土研究会）
・宮城県史編纂委員会編『宮城縣史14復刻版』（ぎょうせい）
・藤井武夫『奥州白石ばなし』（三彩書房）

二、「哀れ悲しや実方中将」

・『今鏡中』講談社学術文庫（講談社）
・『新編日本古典文学全集51・十訓抄』（小学館）
・浅見和彦・伊東玉美『新注古事談』笠間書院
・相原精次『みちのく伝承―実方中将と清少納言の恋』（彩流社）
・宮城県教育会編『郷土の伝承』（セイトウ社）

三、「荘厳寺逆さ門の由来」

・三原良吉『宮城の郷土史話』（宝文堂）
・山田野理夫『伊達騒動』（新人物往来社）
・平重道『仙台藩の歴史2 伊達騒動』（宝文堂）
・宮城県史編纂委員会編『宮城縣史14復刻版』（ぎょうせい）
・伊藤卓二『恩讐を越えて 大崎外伝（下）寛文事件その後』（大崎タイムス）

四、「西行、松島戻しの松」

・松島町史編纂委員会『松島町史通史編２』 松島町
・花部英雄『西行伝承の世界』（岩田書院）
・『西行物語全訳註』 講談社学術文庫（講談社）
・『撰集抄』 岩波文庫（岩波書店）

五、「仙台白萩異聞」

・紫桃正隆『仙台領戦国こぼれ話』（宝文堂）
・白井孝昌『伊達政宗グラフティ』（新人物往来社）
・歴史街道編集部編『戦国時代を読み解く新視点』（ＰＨＰ新書）
・『市史せんだいＶＯＬ27』 仙台市博物館
・平重道編『伊達治家記録 仙台藩史料集成２』、『同３』（宝文堂）
・佐藤憲一『伊達政宗の素顔 筆まめ戦国武将の生涯』（吉川弘文館）
・樫山巖『伊達家悲話 情無き者達』（創栄出版）
・紫桃正隆『危うし独眼龍ー伊達政宗の見果てぬ夢ー』（宝文堂）

六、「風雲、楽天城の戦い」

・スポニチアーカイブス２０２０年11月号（スポーツ日本新聞社）
・「中日スポーツ」２０１８年７月27日記事『スポーツ平成物語』（中日新聞社）
・「テレビ朝日」２０１６年８月27日放送
『神様に選ばれた試合 田中将大 日本最後の十五球』

七、「伊達の血筋を守った男 大條道直」

・大條家茶室の復旧・保存祈念講演資料『御茶室物語』

（「大條家ゆかりの茶室」フォーラム）

・伊達泰宗・白石宗靖『伊達家の秘話 独眼竜一族の知られざる素顔』（ＰＨＰ出版）

・三原良吉『宮城の郷土史話』（宝文堂）

・高倉淳『仙台藩道中物語』（今野印刷）

八、「マタギの祖 磐司磐次郎」

・秋保地域資源活用委員会「いってみっぺ秋保 磐司磐次郎伝説をたどる」

九、「仙台怪異談 金のかんざし」

・リチャード・ゴードン・スミス『日本の昔話と伝説』（南雲堂）

十、「伊達の鬼夫婦」

・仙台郷土研究会編『仙臺郷土研究』第20巻第３号（仙台郷土研究会）

・紫桃正隆『難敵―独眼竜政宗と柳生宗矩』（仙台共同印刷）

あとがき

『講談で知る宮城の伝説』をお読みいただきありがとうございます。

ひょんな拍子で講談に目覚め、東京の宝井講談修羅場塾で稽古をさせていただくようになってから十年目を迎えた区切りで、この本を出すことができたこと、大変嬉しく思っています。

講談を始めて気づいたのは、宮城県の中にも講談のネタになるような話がたくさんあるということです。滑稽な話、感動する話、ぞっとするような話と様々です。しかし、それらの話は、郷土史に詳しい方々などに知られているにすぎません。語り継がれた話は、一見、奇想天外なものであっても、そこには何らかの歴史の痕跡が残っており、それゆえに語り継がれたものだと言えるのではないでしょうか。それらの話を、古びた表紙の本の中で眠らせるのはもったいない。これらの話を講談にしたら、もっと多くの人に知られるのではないかと思い、この度、書籍化に踏み切りました。

言うまでもなく、講談は耳で聞いて楽しむ話芸ですので、それを活字化しても、口演の臨場感には及びません。この本を読み、興味を持った方は、ぜひ生の講談でお楽しみいただけたらと思っています。私の口演予定は、ブログ「村田琴之介講談日記」に掲載しておりますので、機会がありましたら、ご来場をお待ちしております。お目にかかる日を楽しみにしています。

〈著者紹介〉

村田琴之介（むらたきんのすけ）

昭和30年、仙台市生まれ。早稲田大学第一文学部日本文学科卒業。

宮城県内の中・高の国語科教員を42年務める。

平成26年、宝井講談修羅場塾にて村田陸奥之介の名で稽古を始め、令和3年6月、名取となり、琴之介を名乗る。

〈表紙・挿絵イラスト〉

村上めら（むらかみめら）

1999年　気仙沼市生まれ

2022年　宮城学院女子大学学芸学部日本文学科卒業

　同年　第3回イラスト漫画コンテスト審査員賞受賞

2023年　週刊少年マガジンMGP4月期奨励賞受賞

講談で知る宮城の伝説

令和 5年 10月 6日　初　版

検	印
省	略

著　者	村田琴之介
発行者	藤原　直
発行所	株式会社金港堂出版部
	仙台市青葉区一番町2-3-26 電話 022-397-7682 FAX 022-397-7683
印刷所	株式会社仙台紙工印刷

©2023 KINNOSUKE MURATA

落丁本、乱丁本はお取りかえいたします。

ISBN978-4-87398-162-8